essentials

essentials liefern aktuelles Wissen in konzentrierter Form. Die Essenz dessen, worauf es als „State-of-the-Art" in der gegenwärtigen Fachdiskussion oder in der Praxis ankommt. *essentials* informieren schnell, unkompliziert und verständlich

- als Einführung in ein aktuelles Thema aus Ihrem Fachgebiet
- als Einstieg in ein für Sie noch unbekanntes Themenfeld
- als Einblick, um zum Thema mitreden zu können

Die Bücher in elektronischer und gedruckter Form bringen das Expertenwissen von Springer-Fachautoren kompakt zur Darstellung. Sie sind besonders für die Nutzung als eBook auf Tablet-PCs, eBook-Readern und Smartphones geeignet. *essentials:* Wissensbausteine aus den Wirtschafts-, Sozial- und Geisteswissenschaften, aus Technik und Naturwissenschaften sowie aus Medizin, Psychologie und Gesundheitsberufen. Von renommierten Autoren aller Springer-Verlagsmarken.

Weitere Bände in der Reihe http://www.springer.com/series/13088

Steffen Hillebrecht

Sabbaticals für die Personalentwicklung

Arbeitshilfen für Arbeitnehmer und Personalabteilung

Prof. Dr. Steffen Hillebrecht
Hochschule für Angewandte
Wissenschaften Würzburg-Schweinfurt
Würzburg, Deutschland

ISSN 2197-6708   ISSN 2197-6716   (electronic)
essentials
ISBN 978-3-658-20647-5   ISBN 978-3-658-20648-2   (eBook)
https://doi.org/10.1007/978-3-658-20648-2

Die Deutsche Nationalbibliothek verzeichnet diese Publikation in der Deutschen Nationalbibliografie; detaillierte bibliografische Daten sind im Internet über http://dnb.d-nb.de abrufbar.

Springer Gabler
© Springer Fachmedien Wiesbaden GmbH 2018

Gedruckt auf säurefreiem und chlorfrei gebleichtem Papier

Springer Gabler ist Teil von Springer Nature
Die eingetragene Gesellschaft ist Springer Fachmedien Wiesbaden GmbH
Die Anschrift der Gesellschaft ist: Abraham-Lincoln-Str. 46, 65189 Wiesbaden, Germany

Was Sie in diesem *essential* finden werden

- Prominente Beispiele für Sabbaticals
- Anlässe für Sabbaticals
- Nutzung als Instrument der Personalentwicklung und der Mitarbeiterbindung
- Übersicht über Kompetenzen, die im Rahmen eines Sabbaticals zu erwerben sind

Vorwort

Sabbaticals sind ein Versprechen: umfassende Erholung, mehr Zeit für die Familie, neue Ideen für den Beruf und damit neue Motivation – es gibt viele Gründe, warum Arbeitnehmer damit eine verlockende Perspektive verbinden. Aber auch für den Arbeitgeber kann es sinnvoll sein, seinen Mitarbeitern eine längere Auszeit zu ermöglichen, als Mittel der Mitarbeiterbindung ebenso wie als umfassendes und nachhaltiges Instrument der Personalentwicklung. Um diesen Erfolg sicherzustellen, bietet es sich für alle Beteiligten an, das Ziel und den zeitlichen Umfang ebenso sorgfältig zu klären wie die im Sabbatical zu erwerbenden Kompetenzen und Qualifikationen. Gerade die Art eines Sabbaticals, ob erholungs-, familien- oder fortbildungsorientiert, wird hierzu wichtige Rahmenbedingungen setzen.

Prof. Dr. Steffen Hillebrecht

Inhaltsverzeichnis

Über den Autor

Prof. Dr. Steffen Hillebrecht ist Professor für Medienmanagement, insbesondere Projektmanagement und Personalwirtschaft, an der Hochschule für Angewandte Wissenschaften Würzburg-Schweinfurt, Fakultät Wirtschaftswissenschaften, ergänzend mit einer Personal- und Medienberatung aktiv. Vor der Tätigkeit an der Hochschule sieben Jahre in leitender Funktion in der Personalberatung/Personalentwicklung in der Medienwirtschaft tätig.

Anschrift: Prof. Dr. Steffen Hillebrecht, Hochschule für Angewandte Wissenschaften Würzburg- Schweinfurt, FWiWi, Münzstraße 12, 97070 Würzburg, Tel.: 09 31/35 11-8824, Fax: 09 31/35 11-96 10, steffen.hillebrecht@fhws.de; http://fwiwi.fhws.de.

Hinweis zu den in den Fallstudien benannten Personen: Die Angaben basieren auf realen Beispielen aus der eigenen beraterischen Praxis, wurden aber hinreichend anonymisiert, durch veränderte Namen, Berufs- und Branchenbezeichnungen.

Berufliche Auszeit als Chance 1

Sabbaticals sind seit Längerem Thema der Publikumsmedien (vgl. z. B. Burkhardt 2017; Croyé 2017; Ehgoetz 2017; Hartmann-Wolf und Reinhard 2017; Ibelgaufts 2001; Kaye 2012; Koschik 2013b; Kowitz 2016, S. 55 ff.; Maas 2013; Oettinger 2012; Rettig 2013) und finden ihren Niederschlag in verschiedenen Ratgeberbüchern (z. B. Herrmann 2016; Hess 2002; Klemm 2015; Langheiter 2006, 2012; Pohl 2008; Raymond 2012, 2015; Rech 2013; Richter 2002; Zeuner 2014) und längeren Artikelserien (vgl. Stolz 2015). Prominente wie Pep Guardiola (vgl. Rettig 2013) oder Jürgen Klopp (vgl. Dachsel 2015; Wallrodt 2015) nutzten Sabbaticals als Kraftquelle, bevor sie sich neuen Aufgaben zuwandten. Und besondere Bekanntheit erwarb die autobiografische Schrift „Ich bin dann mal weg" von HaPe Kerkeling (2009), die sogar verfilmt wurde (vgl. Hanfeld 2015) und einen Trend zum Pilgern erzeugte (vgl. Kirschstein 2009; o. V., 2013). Der Bedarf ist da, wie auch gängige Studien zeigen:

- Jeder zehnte Arbeitnehmer in Deutschland hat bereits ein Sabbatical genommen, mindestens ein Fünftel der deutschen Arbeitnehmer soll über eine berufliche Auszeit nachdenken (vgl. o. V. 2017a)
- Nach manchen Zählungen soll sogar die Hälfte der deutschen Arbeitnehmer von einer längeren Freistellung träumen (vgl. Forsa 2013, S. 3; wimdu 2015; ähnlich o. V. 2017b),
- Ein ähnliches Bild lässt sich auch für Österreich zeichne, wo sich 84 % der Arbeitnehmer eine bezahlte Auszeit wünschen oder zumindest gut vorstellen können (vgl. Rieder 2017)

Anlässe hierzu gibt es viele (siehe auch Maas 2013). Für die einen geht es um den Erhalt der Gesundheit. Sie wünschen sich dazu eine umfassendere Erholung, wollen vielleicht sogar einen Burn-out vermeiden (vgl. Forsa 2013, S. 5; Winde 2016;

© Springer Fachmedien Wiesbaden GmbH 2018 1
S. Hillebrecht, *Sabbaticals für die Personalentwicklung*, essentials,
https://doi.org/10.1007/978-3-658-20648-2_1

ähnlich Mennewitsch 2012) oder müssen langwierige Erkrankungen auskurieren, wie der Ex-Fußballer und Ex-Sportmanager Matthias Sammer (vgl. o. V. 2016b) und der Ministerpräsident von Mecklenburg-Vorpommern, Erwin Sellering (vgl. Kords et al. 2017).

Andere suchen etwas Abstand, um neue Ideen für ihre Arbeit zu finden. Der ehemalige „Bild"-Chefredakteur Kai Diekmann zog sich mit Frau und Kindern 2012 für ein halbes Jahr auf der Suche nach neuen Inspirationen in Kalifornien zurück (vgl. Dörries 2013). Der xing-Vorstand Thomas Vollmoeller verabschiedete sich im Herbst 2016 für drei Monate nach Australien (vgl. Hoffmann 2016; o. V. 2016a, c), der Schweizer Bahnmanager Bernard Guillemon setzte zehn Wochen aus (vgl. Guillemon 2017, S. 30 f.). Die genannten Beispiele zeigen übrigens auch, dass ein Sabbatical nicht zwangsläufig einen Karriereknick nach sich zieht, sondern oft genug einen zusätzlichen Antrieb für neue Aufgaben (siehe auch Bugmann und Meyer 2013; o. V. 2016d).

Oft genug geht es auch um den Wunsch, in einem stressigen Arbeitsumfeld sich einmal besonders viel Zeit für die Familie nehmen zu können (Dachsel 2015; Lüscher 2013), gerne in Verbindung mit einer längeren Reise (vgl. Forsa 2013, S. 5; Hensel 2013; Mansholt und Mansholt 2014; o. V. 2017c, Roever 2009). Und manchmal versuchen Unternehmen, mit einer mehr oder wenig nachdrücklich verordneten Freistellung auf Zeit eine Konjunkturdelle zu überwinden, was möglicherweise eine vollständige berufliche Neuorientierung erleichtert (vgl. Pasemann 2014; Schumacher 2016; ähnlich Hillebrecht 2017b, S. 17 ff., 28 f.).

Neben der Pflege der Work-Life-Balance kann genauso gut der Wunsch nach einer Persönlichkeitsentwicklung treten, z. B. durch Studium oder Mitarbeit in sozialen Projekten. Entsprechend fordern gewerkschaftsnahe Arbeitsgruppen, ein Anrecht auf eine „begründungsfreie Auszeit" zu schaffen (vgl. Jürgens et al. 2017, S. 137 ff.).

Sabbaticals sind demzufolge ein weit verbreiteter Wunsch, sodass Arbeitgeber dieses Thema von sich aus anbieten oder gar anbieten müssen (vgl. Bugmann 2014; Czycholl 2013; Kaspar 2011; Pohl 2008, S. 80 ff.; Weigelt 2013; Winde 2016). Die Erfahrungen bestimmter Unternehmen wie IBM (vgl. o. V. 1993) oder Microsoft Österreich (vgl. o. V. 2017d) zeigen sehr deutlich, dass Sabbaticals ein attraktives Instrument im Wettbewerb um gesuchte Arbeitskräfte sein können (vgl. Pape 2010). Sabbaticals gelten dabei oft als Teil eines Gesamt-Pakets für Mitarbeiter, mit dem man andere Arbeitgeber aussticht (vgl. Fröhlich 2017, S. 50 f.; von Zepelin 2017) und die zum Beispiel bei der Software-Schmiede SAP AG aus Walldorf im Intranet offensiv beworben werden (vgl. SAP 2017, ergänzend Heiden et al. 2016, S. 100 ff.; Koschik 2013b). Einer Übersicht aus dem Jahre 2016 zufolge sind Sabbaticals in 10 % der Unternehmen üblich (vgl. BMFSFJ 2016, S. 19).

Was für die Beliebtheit von Sabbaticals spricht, aber oftmals erst auf den zweiten Blick wahrgenommen wird: Sabbaticals bieten sich bei entsprechender Ausgestaltung als Instrument gezielter Personalentwicklung an, mit hohem Nutzwert sowohl für Arbeitnehmer als auch für Arbeitgeber. Wenn leitende Angestellte – so die Idee dahinter – beispielsweise ein halbes Jahr in einem Sozialprojekt für benachteiligte Jugendliche mitarbeiten, gewinnen ihre Empathie und ihre Persönlichkeit und damit ihr Führungsverhalten. Wer ein Jahr im Ausland zubringt, kann womöglich besser in den internationalen Aktivitäten des Unternehmens mitwirken oder lernt völlig neue Ideen kennen, mit denen er Innovationsprozesse im Unternehmen befeuern kann.

Nicht zuletzt muss man die Veränderungen in Gesellschaft und Arbeitswelt berücksichtigen. Wenn gerade Vollzeit berufstätige Väter über eine Auszeit nachdenken, um stärker in der Familie verankert zu sein, und Karrierewünsche nachlassen (vgl. z. B. Mayer 2016, S. 56), wird sich der betreffende Mitarbeiter im Zweifel eher für die Familie und gegen das aktuelle Unternehmen entscheiden. Vielleicht sind die steigenden mentalen Beanspruchungen in vielen Feldern nur noch über längere Auszeiten aufzufangen sind. Und wenn der Trend generell zu längeren Lebensarbeitszeiten geht (vgl. Ehrentraut 2016, S. 3 ff.), werden viele Arbeitnehmer die früher mit der Pensionierung verwirklichte Weltreise auf den vierzigsten oder fünfzigsten Geburtstag vorziehen.

Die Ziele und Rahmenbedingungen eines Sabbaticals

2

2.1 Die Herkunft des Begriffs Sabbatical

Die Bezeichnung Sabbatical, ein Anglizismus für eine berufliche Auszeit, wird auf den hebräischen Ruhetag „Schabbat" bzw. das Sabbatjahr zurückgeführt (siehe auch Heller 2013; Hess 2009, S. 19 f.; Pohk 2008, S. 11 f.). Die beiden Bibelstellen Exodus 23, 10–11 und Deutoromium 15, 1–2 erlegen dem Volk Gottes die Pflicht auf, Ackerland nach sechs Jahren der intensiven Nutzung ein Jahr lang ruhen zu lassen, damit es wieder fruchtbar wird. Nun wird auch aus anderen Kulturkreisen berichtet, dass eine bestimmte Fruchtfolge oder Ruhezeit üblich sei, aber in den beiden eingangs genannten Texten handelt es sich um ersten aktenkundigen Quellen, was für die Begriffsbildung vermutlich relevant war. Und analog zur Rekonvaleszenz von Acker und Vieh soll auch das Volk Gottes am siebten Tag der Woche ruhen, möglichst die dafür gewonnene Freizeit für entsprechende religiöse Übungen nutzen und insgesamt sich körperlich und seelisch erheben. Dieses Gebot zur Sonntagsruhe kennen auch die christlichen Kirchen, und es hat auch in Gestalt von Art. 140 GG in Deutschland zum geschützten Verfassungsgut gebracht.

Fakt ist, dass US-amerikanische Universitäten die Idee einer Ruhezeit Ende des 19. Jahrhunderts gezielt auf ihre Professoren übertrugen, um ihnen Freiraum für neue wissenschaftliche Kreativität zu geben (vgl. Froitzheim 2012). Vermutlich stand im Hintergrund die Erfahrung, dass Geistesarbeiter nicht am Wochenende den Arbeitsplatz verlassen und „aussetzen", sondern ihre jeweiligen Aufgaben und Probleme hinter der Stirn mit nach Hause nehmen und dort weiter über die selbigen nachdenken, also selten so abschalten, dass eine vollständige Erholung möglich ist. Von daher könnte eine längere Auszeit für Abstand vom Arbeitsalltag sorgen und neue Ideen ermöglichen. Und genau dies ist das Ziel eines Sabbaticals (vgl. Hillebrecht 2017a, S. 3 ff.), was im nachfolgenden näher beschrieben wird.

© Springer Fachmedien Wiesbaden GmbH 2018
S. Hillebrecht, *Sabbaticals für die Personalentwicklung*, essentials,
https://doi.org/10.1007/978-3-658-20648-2_2

2.2   Die Ziele eines Sabbaticals

Entsprechend seiner Herkunft hat sich der Begriff des Sabbaticals als Kennzeichnung für eine berufliche Auszeit durchgesetzt, die über den üblichen Urlaub von drei bis vier oder vielleicht auch mal sechs Wochen hinausgeht. Die Mitarbeiter sollen sich der umfangreichen eigenen Erholung und Neuorientierung widmen können oder auch der Lösung von aufwendigeren privaten Aufgabenstellungen. Generell geht es dabei um Zeiten zwischen 3 Monaten und 1 Jahr Dauer und kann verschiedene Zwecke verfolgen (siehe auch ARAG 2016; Pohl 2008, S. 17 ff.; Rettig 2013; wimdu 2016):

- Längere Erholungsreisen, über den klassischen Urlaub hinaus
- Konzentration auf familiäre Aufgaben (z. B. Pflege von Eltern bzw. erkrankten Ehepartnern oder Kümmern um Kinder)
- Umfangreichere Fortbildung
- Übernahme von zeitlich anspruchsvolleren Aufgaben im sozialen Bereich
- Förderung der eigenen Gesunderhaltung, insbesondere durch Vermeidung von stressbedingten Erkrankungen („Burnout"-Prävention)
- Auszeiten zur beruflichen oder privaten Neuorientierung, nach einer Sinnkrise, einer Trennung von Lebenspartnern oder dem Tod eines nahen Angehörigen
- In manchen Fällen auch als begrenzte Freistellung bei einer Auftragsflaute

Abb. 2.1 strukturiert die Anlässe nach der grundsätzlichen Funktion.

Aus Abb. 2.1 wird deutlich, dass zwar jeder Sabbatical-Anlass eine spezifische Orientierung hat, aber letztendlich in den meisten Fällen mehrere Zielstellungen verfolgt werden. Das muss per se nicht negativ sein, sondern kann ganz im Gegenteil eine ganzheitliche und nachhaltige Entwicklung fördern.

Die vorher gehende Aufzählung zeigt, dass in den meisten Fällen die individuellen Interessen der Arbeitnehmer im Mittelpunkt stehen. Allerdings können auch Arbeitgeber davon profitieren, wenn die betroffenen Mitarbeiter mit neuer Schaffenskraft zurückkehren oder aber nicht vor die Wahl gestellt werden, sich zwischen beruflichen und familiären Aufgaben entscheiden zu müssen (siehe Hillebrecht 2017a, S. 4 ff.). Der Einsatz des Instruments Sabbatical dient also vornehmlich der Mitarbeiterbindung. Zusätzlich bietet ein Sabbatical über diesen Bindungs- bzw. Motivationsaspekt hinaus auch für die Personalentwicklung insgesamt Chancen. Es gilt, die Ziele und Umstände eines Sabbaticals sorgfältig zu durchdenken und alle relevanten Punkte vorab zu klären (siehe auch Rettig 2013). Dies betrifft sowohl die Form des Sabbaticals als auch die Dauer und die wirtschaftliche Absicherung.

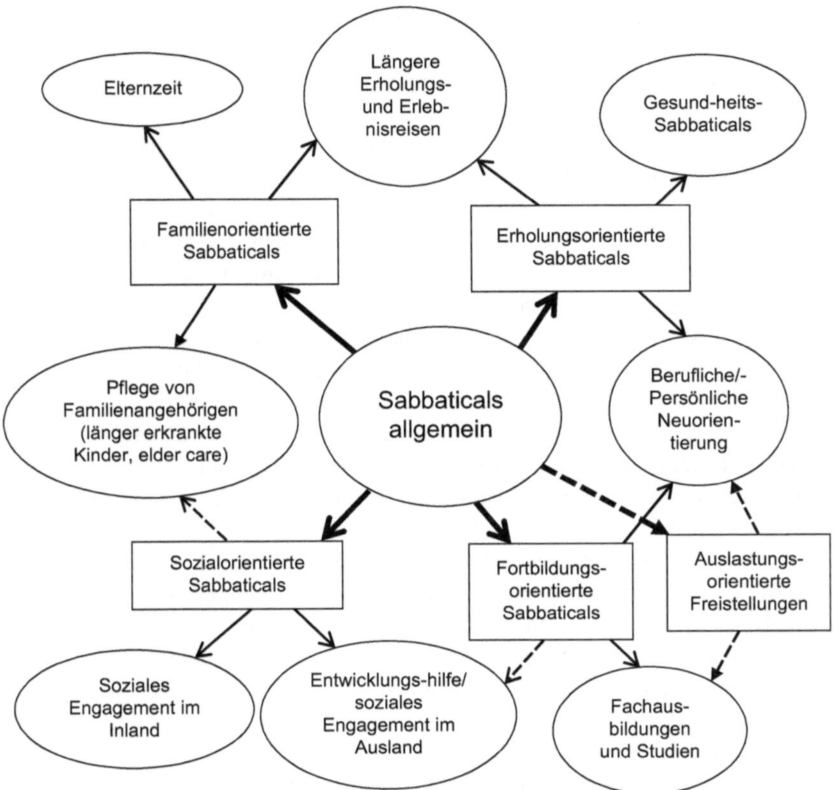

Abb. 2.1 Anlässe eines Sabbaticals. (Quelle: eigene Erstellung)

2.3   Die Formen der Sabbatical-Regelungen

Grundsätzlich gibt es drei verschiedene Modelle für ein Sabbatical
1. Grundsätzliche Freistellung, ohne weitere Bezüge, quasi als „unbezahlter Urlaub"
2. Freistellung über Arbeitszeitkonten
3. Freistellung über Teilzeitmodelle

Eine grundsätzliche Freistellung erfolgt ohne weitere Bezüge und ist letztlich nichts anderes als „unbezahlter Urlaub". Diese Variante bietet sich an, wenn familiäre Aufgaben (Elternzeit, Pflege von Angehörigen/elder care) anstehen, die sich zeitlich nicht genau begrenzen lassen oder wenn man Abstand zur Neuorientierung benötigt. Dabei muss man beachten, dass man v. a. von eigenen Reserven lebt und der bisher ausgeübte Arbeitsplatz bei Rückkehr zumeist nicht mehr verfügbar ist. Folglich steht man dann vor der Notwendigkeit, sich rechtzeitig nach Alternativen umzusehen. Eine spezielle Variante ist hier die Kündigung seitens des Arbeitnehmers, sodass dem Arbeitgeber von Anfang an klar ist, dass für die Rückkehr keine Option überlegt werden muss.

Bei einer Abwicklung über Arbeitszeitkonten werden entweder Überstunden eingebracht, in Form von „Kurzzeitkonten". Dies ist v. a. bei kürzeren Auszeiten unter drei Monaten sinnvoll und kann z. B. für Personen im Schichtdienst interessant sein, um einerseits eine vollständige Verfügbarkeit der Mitarbeiter zu sichern, andererseits einen angemessenen Freizeitausgleich anzubieten (siehe am Beispiel der Arbeiterwohlfahrt Mainfranken: Haug-Pechl 2017, S. 17). Oder der Mitarbeiter hat das Recht, über Lebensarbeitszeitkonten laut Arbeitsvertrag, bei entsprechendem Ansparen von Arbeitsstunden diese zu einem zu vereinbarenden Zeitpunkt gegen eine Freistellung einzutauschen (sog. „Langzeitkonten"). Diese sind z. B. dann sinnvoll, wenn der Mitarbeiter Projektaufgaben wahrnimmt und die Zeit zwischen zwei Projekten durch die entsprechenden Stunden überbrückt werden können. Hierbei wird der Anspruch als Geldanspruch auf Sperrkonten eingebucht, um den Arbeitnehmer im Falle eines Konkurses oder einer Rationalisierungsmaßnahme zu schützen (vgl. Groll 2014).

Bei Teilzeitmodellen gilt, dass der Mitarbeiter zumeist auf Basis der gesetzlichen Regelung zur Teilzeit (Teilzeit- und Befristungsgesetz in Deutschland, § 19d Arbeitszeitgesetz in Österreich) offiziell auf eine Teilzeitstelle wechselt, aber weiterhin Vollzeit arbeitet. Dazu kennt man die Modelle (vgl. BMAS 2015):

- „Teilzeit-Invest", auf Basis eines Zeitguthabens, beispielsweise wird auf einer 75 %-Stelle neun Monate lang Vollzeit gearbeitet, danach 3 Monate nicht
- „Teilzeit-Invest Geldguthaben", bei dem ein Mitarbeiter weiterhin Vollzeit arbeitet, aber z. B. nur drei Viertel seiner Bezüge ausgezahlt bekommt, um dann nach einer gewissen Zeit von vielleicht 18 Monaten freigestellt zu werden und dafür das angesparte Geld über weitere 6 Monate als Gehalt ausgezahlt zu bekommen.

Hierbei sollte darauf geachtet werden, dass bei einer Insolvenz des Arbeitgebers die aufgesparten Beträge soweit abgesichert sind, dass sie auch nach Insolvenz bereit stehen. Dies geht regelmäßig nur über externe Versicherungsfonds.

Ein vergleichbares Modell findet man bei älteren Mitarbeitern mit einer Vorruhestandsregelung zum gleitenden Übergang in die Rente (vgl. BMAS 2015). Hier kann es interessant sein, zunächst für einen gewissen Zeitraum mehr an Arbeitszeit zu leisten, als es dem Gehalt entspricht, um dann später frei gestellt zu werden. Inwiefern diese Regelung der Intention der gesetzlichen Vorgaben entspricht, nämlich einen altersgemäßen und gleitenden Übergang in den Ruhestand zu ermöglichen, sei einmal dahin gestellt. Rein von der Systematik her dürfte das aber nicht als Sabbatical gelten, sondern als Form des vorgezogenen Ruhestands bzw. als gleitender Übergang in den Ruhestand.

Für den Betrieb haben die diversen Teilzeit-Modelle den Vorteil, dass der Mitarbeiter weiterhin mit einem Vollzeit-Rahmen zur Verfügung steht, was sich leichter in die üblichen Schichtmodelle integrieren lässt. Welches der Modelle angewandt wird, ist von Fall zu Fall zu klären, unter Rücksicht auf ggf. vorhandene Betriebsvereinbarungen und auf die Stellung des Arbeitnehmers in der betrieblichen Hierarchie sowie der beim Arbeitnehmer vorhandenen finanziellen Mittel. Dabei sind auch einige praktische Fragen zu berücksichtigen, die die Personalentwicklung betreffen. Es geht um die Frage, inwieweit die Personalarbeit eine derartige Freistellung dafür nutzen kann, den betreffenden Mitarbeitern eine persönliche Weiterentwicklung zu ermöglichen bzw. sie darin zu unterstützen und in bestimmten Fällen auch die Rückkehr durch geeignete Programme zu erleichtern.

2.4 Die organisatorischen Anforderungen

Eine Abwesenheit von mehreren Monaten oder gar Jahren erfordert organisatorische Maßnahmen, die kaum mit denjenigen bei einem Urlaub vergleichbar sind (siehe auch Kasper 2016). Von daher sollte man mit der Planung und der innerbetrieblichen Abstimmung mehrere Monate im Voraus beginnen. Der Arbeitgeber muss insbesondere folgende Punkte klären:

- Vertretung des Arbeitnehmers während seiner Abwesenheit, sofern er auf seine bisherige Funktion zurückkehren soll, was bei eher kürzer befristeten Sabbaticals (in der Regel bis ca. 4 Monate maximal) denkbar ist
- Definition eines neuen Arbeitsplatzes, sofern eine Rückkehr des Arbeitnehmers an den früheren Arbeitsplatz nicht möglich erscheint (bei eher längerfristigen Auszeiten nahe liegend)
- Übertragung der bisher wahrgenommenen Aufgaben auf andere Kollegen, auf Zeit oder auch als neue Aufgabenzuweisung

- Ggf. Kontakthalteprogramme, die v. a. bei familienorientierten oder fortbildungsorientierten Auszeiten sinnvoll sind, bei denen der Arbeitnehmer in der näheren Umgebung des Unternehmens bleibt, z. B. durch Teilnahme an betrieblichen Veranstaltungen; ergänzend können die modernen Kommunikationstechnologien wie Bildtelefonie via Skype & Co. dafür sorgen, dass der abwesende Arbeitnehmer fallweise konsultiert wird
- Arbeitsrechtliche Fixierung des Status und der gegenseitigen Pflichten und Rechte

Während die organisatorischen Maßnahmen relativ frei erfolgen können und sich vor allem sich aus der Dauer des Sabbaticals sowie den innerorganisatorischen Ressourcen bzw. Verfahrensweisen ergeben, sind bei den arbeitsvertraglichen Vereinbarungen bestimmte Rahmenbedingungen zu beachten.

2.5   Die arbeitsrechtliche Basis

Grundsätzlich besteht kein Rechtsanspruch auf ein Sabbatical (siehe Weigelt 2015; für Österreich: Bundeskanzleramt 2017; Rieder 2014), nimmt man einmal die wenigen Ausnahmen der Hochschullehrer („Forschungsfreisemester") und Lehrkräfte („Freistellung", siehe z. B. Hoos 2009) beiseite. Das Teilzeit- und Befristungsgesetz (TzBefrG), das seit 2001 gilt, offeriert in § 8 TzBefrG lediglich die Möglichkeit auf eine Arbeitszeitreduzierung in der wöchentlichen bzw. monatlich geregelten Beschäftigungszeit und gilt nur in Unternehmen ab 15 Mitarbeitern und nur insoweit, als der Mitarbeiter mindestens schon 6 Monate beschäftigt wird und betriebliche Notwendigkeiten dem nicht entgegen stehen. Und es wird auch kein Rückkehrrecht auf die volle Arbeitszeit ausgesprochen. Analog gilt in Österreich, dass der § 19d AZG zwar die Möglichkeit von Teilzeitarbeit einräumt, aber nicht als Rechtsanspruch definiert. Von daher muss man immer davon ausgehen, dass die Gewährung einer Auszeit im Einklang mit dem Arbeitgeber erfolgt und man auf freiwillige Regelungen angewiesen ist. Bei Verträgen mit einer vereinbarten Jahresarbeitszeit kann möglicherweise z. B. die vereinbarte Arbeitszeit in den ersten neun Monaten des Jahres erbracht werden und dafür die letzten drei Monate als Auszeit genommen werden.

Für Beamte gelten differenzierte Regelungen. Beamte des Bundes können entsprechend § 7a der Verordnung über die Arbeitszeit der Beamtinnen und Beamten eine entsprechende Arbeitszeitregelung treffen, die zunächst eine volle Arbeitsleistung bei 75 % der Bezüge beinhaltet und dann nach drei Jahren ein Jahr Freistellung nehmen, unter Weiterzahlung der Bezüge in gleichbleibender Höhe. In den dienstrechtlichen Vorschriften der Bundesländer gelten entsprechende Vorschriften, wobei aller Erfahrung nach v. a. Lehrkräfte und Wissenschaftler von den Möglichkeiten der Freistellung Gebrauch machen, letztere unter dem Stichwort „Forschungsfreisemester". Gerade bei den zuletzt genannten Personenkreisen ist die Freistellung ein durchaus gewolltes Instrument, da man auf diese Weise den Teilnehmern das Gewinnen neuer Erkenntnisse für Forschung und Lehre einräumen möchte, letztlich also die Qualität der Arbeit stärkt.

Indirekt können noch zwei weitere Rechtsquellen ein Sabbatical beeinflussen. Eltern haben die Möglichkeit, Elternzeit nach dem Bundeserziehungsgeldgesetz (BEEG) zu nehmen und damit eine familienbezogene Auszeit zu nehmen, im zeitlichen Umfang nach Maßgabe des § 4 BEEG. Für ein Sabbatical zum Kümmern um pflegebedürftige Angehörige bietet § 3 Pflegezeitgesetz die Möglichkeit der Freistellung zur Pflege von maximal 6 Monaten bzw. bei weit fortgeschrittener, absehbar tödlicher Einschränkung von 3 Monaten. Hierbei gilt allerdings eine Frist für die Vorankündigung von sieben Wochen bzw. 13 Wochen vor Antritt (vgl. Nebe 2017, S. 66).

2.6 Erforderliche Vereinbarungen zum Sabbatical

Akzeptierte und wirkungsvolle Sabbatical-Programme leben davon, dass sie sich einerseits an den Bedürfnissen der Mitarbeiter ausrichten. Die Datev eG in Nürnberg stellte bereits vor drei Jahren fest, dass der Bedarf lebensphasenorientiert ist. Jüngere Mitarbeiter tendieren eher zu einer Weltreise oder einem Fortbildungsangebot, Mitarbeiter in den mittleren Lebensjahren zu familienorientierten Zeiten und die etwas älteren Mitarbeiter nutzen die Zeit für soziale Aufgaben (vgl. Weidner 2014). Auf der anderen Seite benötigen die Unternehmen aber auch verlässliche Rahmenbedingungen und wünschen zu Recht, dass die betrieblichen Abläufe möglichst wenig eingeschränkt werden sowie das kollegiale Miteinander bei den verbleibenden Kollegen nicht gestört wird. Hierzu hat ein Semesterforschungsprojekt an der HAW Würzburg-Schweinfurt aufgezeigt, dass die meisten innerbetrieblichen Probleme mit drei Punkten zu verbinden sind (vgl. Wurdinger et al. 2017, S. 20 ff.):

- Neid bei Kollegen, die für die Zeit der Freistellung die Aufgaben des Kollegen übernehmen müssen, bzw. Häme über einen möglichen Burn-out des Betreffenden; hier kann nur Transparenz zu Sinn und Zweck der Freistellung und die Zusicherung von Gegenseitigkeit helfen
- Mangelnde Verlässlichkeit beim Antritt des Sabbaticals, wenn z. B. eine Mitarbeiterin mit ihrem Lebenspartner eine Weltreise antreten möchte und das

Sabbatical auf Drängen des Lebenspartners dann nicht wie geplant angetreten, sondern zweimal um mehrere Monate verschoben wird (und am Ende aufgrund der Trennung vom Lebenspartner dann ganz abgesagt wird) – hierbei hilft am Ende nur eine verbindliche Erklärung zum konkreten Zeitpunkt des Sabbaticals, ohne Möglichkeit zum Verschieben

- Schwierige Reintegration nach längeren Sabbatical-Zeiten (d. h. sechs Monate und länger), da zwischenzeitlich andere Kollegen die Aufgaben übernommen haben und damit teilweise der jeweilige Arbeitsplatz in dieser Form mit vorher gegebenen Kompetenzen und Aufgaben nicht mehr bestand – hierzu ist also im Vorfeld eine entsprechende Vereinbarung über die Modalitäten der Rückkehr und ggf. der Umsetzung im Betrieb zu schließen.

Grundsätzlich werden Arbeitgeber und Arbeitnehmer für die Auszeit eine Vereinbarung treffen, die die benannten Problempunkte aufgreift und folgende Elemente adressiert (siehe auch Werler 2013, S. 13 ff.):

- Dauer und Charakter der Freistellung
- Modalitäten zur Lohnzahlung und den Beiträgen zu den Sozialversicherungen, da hier ab einem Monat unbezahlter Freistellung den Arbeitnehmer die volle Beitragsleistung zu den Sozialversicherungen trifft
- Regelung zur Rückkehr auf den Arbeitsplatz bzw. auf alternative Arbeitsplätze
- ergänzt um organisatorische Maßnahmen zur Vertretungsregelung und zum Handhaben der eingehenden Briefe bzw. E-Mails (z. B. Löschen, Weiterleiten an Stellvertreter, automatisierte Löschung, ggf. ergänzt um den Hinweis auf die Zeitdauer der Abwesenheit), der Form des Kontakthaltens (z. B. monatliche Videotelefonie-Konferenz, Zuschalten bei besonderen Anlässen oder zentralen Terminen) und Erreichbarkeit in Notfällen

Bei kürzeren Freistellungen von vielleicht drei bis sechs Monaten bieten sich Teilzeitarbeitsverträge an, bei denen pro forma 50–75 %-Arbeitszeiten mit entsprechendem Gehaltsrahmen vereinbart werden der Mitarbeiter aber zunächst Vollzeit arbeiten und sich damit quasi ein Zeitguthaben erarbeiten („Teilzeit-Invest" bzw. „Teilzeit-Invest Geldguthaben"). Bei längerfristigen Freistellungen von über sechs Monaten wird dies schon schwieriger – die Arbeit sollte weiterhin erledigt werden, der Arbeitgeber wird nur begrenzt Vertretungsregelungen treffen wollen, und auch die Kollegen werden sicher nicht erpicht darauf sein, für neun oder zwölf Monate zusätzliche Arbeit zu übernehmen oder eine andere Stelle zu übernehmen, wenn sie davon ausgehen müssen, dass nach der Eingewöhnung schon wieder Schluss ist.

Freistellungen nach dem BEEG bzw. PflegeZG sind grundsätzlich schriftlich mit festgelegten Fristen vorab dem Arbeitgeber mitzuteilen. Die genauen Fristen und Maßgaben (im Gesetz sind zumeist Fristen zwischen zehn Arbeitstagen und vier Wochen genannt) sollten anhand der aktuellen Gesetzgebung bzw. Rechtsprechung geprüft werden und werden damit hier nicht weiter vertieft. Zudem kann es in konkreten Bedarfsfällen, insbesondere einem akuten Pflegebedarf, auch nahe liegen, Regelungen außerhalb der gesetzlichen Fristen zu treffen.

Was im Einzelfall nahe liegt, ist sorgfältig zu prüfen und möglichst frühzeitig zwischen Arbeitgeber und Arbeitnehmer zu vereinbaren. Letztendlich gilt immer, dass die Güte des Arbeitsverhältnisses die Aufgeschlossenheit des Arbeitgebers für bestimmte Regelungen und Vereinbarungen erhöhen oder auch absenken wird. Sollten im Arbeitsverhältnis bereits erste Irritationen vorliegen oder eine der beteiligten Parteien unüberbrückbare Interessengegensätze sehen, dürfte man besser beraten sein, die Sabbatical-Pläne zu beenden oder einen Schlussstrich zu ziehen, was man auch in der Fallstudie Carola Z. erkennen kann.

Fallstudie Carola Z.

Carola Z. ist 35 Jahre alt und Logopädin. Vor zehn Jahren hat sie eine entsprechende Fachschulausbildung abgeschlossen und arbeitet seither im Logopädiezentrum GmbH (LPZ-G) als Sprachtherapeutin, zusammen mit ca. 7 festen Kolleginnen und Kollegen. Vorrangig widmet sie sich Patienten, die sich nach umfangreicheren Operationen bzw. Schlaganfällen in der Rekonvaleszenz-Phase befinden und dabei auch ihr Sprachvermögen teilweise einbüßten. Seit ca. einem Jahr überlegt sie mit ihrem Lebenspartner, ein halbes Jahr Auszeit zu nehmen, um im Rahmen von „work and travel" Australien oder Neuseeland kennenzulernen. Mit dem Inhaber des LPZ-G hat sie bereits abgeklärt, dass dies prinzipiell machbar ist, zumal im Moment eine neue Mitarbeitern bereits zum nächsten Quartalsbeginn bereit steht. Sie sollte das aber in den nächsten drei Monaten angehen. Nach der Rückkehr soll Carola Z. Prokura übertragen bekommen und mittelfristig auf die Übernahme des LPZ-G vorbereitet werden, insbesondere durch einen berufsbegleitenden Studiengang in Sprachtherapie mit Abschluss Bachelor. Das Sabbatical soll dazu dienen, Energie für dieses Vorhaben zu tanken und die Entscheidung grundsätzlich noch mal zu hinterfragen, gemeinsam mit dem Lebenspartner.

Vor einer Woche hat der Lebenspartner die Beziehung beendet und darauf hingewiesen, dass er mit seiner neuen Freundin im kommenden Monat nach Australien fahren wird. Carola Z. hat daraufhin ihren Chef gebeten, das Sabbatical auf zunächst einmal unbestimmte Zeit verschieben zu dürfen. Sie müsse sich neu orientieren.

Faire Vereinbarungen sollten also die benannten Problemfelder von vornherein möglichst gut klären.

Hier sind im Vorfeld wie auch nach Rückkehr verschiedene Schritte von Arbeitgeber und Arbeitnehmer zu gehen, um Enttäuschungen und Probleme von vornherein zu vermeiden. Von daher kann abschließend nur empfohlen werden, dass vor einem Sabbatical eine ruhige Überlegung zu Ziel und Zweck angebracht ist und dann auch konsequent mit einem Handlungsplan verbunden wird.

Ein weiterer Punkt, der im weiter oben genannten Forschungsprojekt ebenfalls virulent wurde: je länger ein Sabbatical dauerte, desto schwieriger wird eine Reintegration am Arbeitsplatz. 3 Monate Abwesenheit sind letztendlich mit Vertretungsregelungen leicht zu überstehen und erfordern auch keine umfangreiche Wiedereinarbeitung. Wenn jemand aber sechs oder gar 12 Monate nicht präsent war, haben andere Personen die entsprechenden Funktionen übernommen, andere Entscheidungsmuster und Arbeitsweisen etabliert, sind neue Arbeitsteams und Sozialbeziehungen entstanden. Der Rückkehrer muss sich also erst mal einige Tage oder Wochen neu orientieren und benötigt eine Art Einarbeitungsplan- Von daher sollte nach längeren Sabbaticals auch immer sehr genau darüber nachgedacht werden, ob eine Rückkehr an den alten Arbeitsplatz sinnvoll ist oder nicht vielmehr eine neue Verwendung im Unternehmen näher liegt (und welche Folgen dies für die eigene Fortbildung in der Sabbatical-Zeit hat).

Zur Fallstudie Carola Z.

Sabbaticals leben davon, dass sie zur privaten Lebensplanung passen. Von daher können private Umstände alle Planungen schnell obsolet machen. Der für Arbeitgeber interessante Punkte im Fallbeispiel ist aber zum einen die Verlässlichkeit in der Planung, da auch der Personaleinsatz in der Vertretungszeit betroffen ist, zum anderen die mittelfristige Wirkung – wie belastbar dürften die Vereinbarungen mit der Mitarbeiterin Carola Z. sein, wenn ein wichtiger Rahmenparameter entfällt? Von daher wäre Carola Z. gut beraten, die Sabbatical-Zeit trotz aller Widrigkeiten zu nehmen und in dieser Zeit über ihre Lebensplanung insgesamt nachzudenken.

Tatsächlich hat sich im weiteren Verlauf gezeigt, dass das LPZ-G zwei Monate später um Aufhebung des Arbeitsvertrags gebeten hat, weil zwischenzeitlich auch die Arbeitsleistung und der Umgang mit Patienten nicht mehr dem vorher gewohnten Standard entsprach. Scheinbar war Carola Z. gedanklich bereits im Sabbatical…

2.7   Die Finanzierung des Sabbaticals

Für die Finanzierung des Sabbaticals bestehen wie bereits benannt verschiedene Möglichkeiten zur Verfügung (vgl. Oder 2013; o. V. 2014; für Österreich: Rieder 2014) und stellt nebenbei bemerkt wohl das größte Hindernis für die Verwirklichung des Plans da (vgl. wimdu 2016).

Grosso modo bewegen sich die Finanzierungsmodelle in erster Linie im Rahmen von Rückgriffen auf Ersparnisse bzw. Auflösung von Vermögen, in Verbindung mit gestreckten Gehaltszahlungen. Der Arbeitnehmer wird also zunächst einmal auf einen Teil seines Gehalts verzichten bzw. zusätzlich arbeiten müssen, um sodann in der Auszeit weiterhin Zahlungen von seinem Arbeitgeber zu erhalten. Nebenbei werden damit auch die üblichen Sozialversicherungen abgedeckt, da bei der Fortzahlung des Gehalts ja auch weiterhin die entsprechenden Abgaben fällig werden. Der gesetzliche Rahmen findet sich im „Flexi-I-Gesetz" von 1998 und „Flexi-II-Gesetz" von 2009 (vgl. o. V., o. D.; ergänzend Böker 2013) und wird in Österreich in ähnlicher Form gehandhabt (vgl. Rieder 2011).

Durch das Flexi-II-Gesetz von 2009 ist inzwischen auch für einen Schutz des angesparten Wertguthabens im Falle der Insolvenz des Arbeitgebers gesorgt (vgl. Werler 2013, S. 89 ff.). Hierfür ist eine angemessene Versicherung oder anderweitige Absicherung nachzuweisen (vgl. Carstens 2011, S. 68 f.).

Etwas anderes ist es bei einer unbezahlten Freistellung, die über einen Monat dauert. In diesem Fall ist der Arbeitgeber nicht mehr in der Pflicht, den Arbeitgeberanteil zu den Sozialversicherungen zu leisten. Die Versicherungspflicht obliegt allein dem Arbeitnehmer (vgl. Richter 2017). In diesen Fällen ist es am Arbeitnehmer, über die Bildung privater Rücklagen oder das Anzapfen sonstiger Finanzquellen den Lebensunterhalt sicher zu stellen. Allerdings dürfte man in den wenigsten Fällen davon ausgehen, dass das Schreiben eines Buches über die eigenen Erlebnisse derart hohe Einkünfte erwarten lässt, dass damit der Unterhalt für mehrere Monate gedeckt bzw. nachträglich wieder ausgeglichen wird. Für Arbeitnehmer ist des Weiteren die Abklärung mit Kranken- und Rentenversicherung wichtig, in welcher Form durch Mindestbeiträge der Krankenschutz bzw. die Altersversorgung gewahrt bleibt (vgl. Czycholl 2013). Dies ist insbesondere dann wichtig, wenn während des Sabbaticals eine Erkrankung oder ein Unfall für eine dauerhafte Erwerbsunfähigkeit sorgt. Hier haben zumindest Regelungen nach dem Teilzeit-Guthaben-Verfahren ihren Vorteil.

Die finanziellen Leistungen nach dem Bundeseltern- und Erziehungszeitengesetz (BEEG) bzw. Pflegezeitgesetz (PflegeZG) können ebenfalls für den Lebensunterhalt dienen (siehe auch Hartmann-Wolf und Reinhard 2014, S. 3). Hierbei sind aber entsprechende Restriktionen zu beachten, die man sich im Einzelfall näher ansehen sollte.

Außerdem ist denkbar, dass gerade bei Sozialprojekten auch bestimmte Kosten (z. B. Reisekosten und Unterkunft) übernommen oder eine Aufwandsentschädigung gewährt wird. Allerdings ergeben sich hierbei wiederum Folgen für die Steuererklärung und die Beiträge zu Sozialversicherungen, was entsprechend zu klären ist.

Nicht zuletzt kommen, wie bereits erwähnt, private Vermögenswerte aller Art infrage, was in vielen Fällen die Hauptquelle für den Lebensunterhalt während der Auszeit zu sein scheint (vgl. wimdu 2016). Sie es der Einsatz einer größeren Erbschaft, die Auflösung von Geldvermögen oder die Veräußerung einer Immobilie, hierzu ist die materielle Potenz ein entscheidendes Kriterium. Vermutlich werden sich insbesondere längere Auszeiten nur dann durchführen lassen, wenn ein ausreichendes privates Polster angelegt wurde.

2.8 Die Verortung des Sabbaticals in der Personalentwicklung

Zunächst einmal ist das Sabbatical ein Instrument der Arbeitszeitflexibilisierung und auch der Mitarbeiterbindung, da Mitarbeiter von der Notwendigkeit einer Kündigung enthoben werden, um persönliche Ziele zu verfolgen. Allerdings bieten Sabbaticals wie bereits en passant verdeutlicht interessante Potenziale für die Personalentwicklung (siehe auch BMBF 2013; Schaaf 2013, S. 37 f.). Diese beziehen sich insbesondere auf den Erwerb zusätzlicher persönlicher, sozialer und teilweise auch fachlicher Kompetenzen. Von daher muss man im Gefolge eines Sabbaticals keinen Karriereknick befürchten (vgl. o. V. 2016; Rettig 2013), eher könnte nach der Verschnaufpause die Leistungskraft und Kreativität gestärkt werden und damit Anlauf zu neuen Karriereschritten genommen werden (vgl. Sonnet 2012).

Geht man dabei von einem einfachen Kompetenzenschema aus, das auf persönliche, soziale und fachliche Kompetenzen abstellt, lassen sich verschiedene Kompetenzen entwickeln:

- Persönliche Kompetenzen, wie Stressresistenz, Selbstorganisation und Selbstbehauptungswillen,
- Soziale Kompetenzen, z. B. Empathie, Kooperationswillen, interkulturelle Kompetenzen, Führungsfähigkeiten
- Fachliche Kompetenzen, z. B. arbeitsbezogene Fremdsprachenkenntnisse und Fachkenntnisse zu bestimmten Aufgabenfeldern, v. a. wenn ein beruflicher Umstieg geprüft wird

Sabbaticals dienen dazu, Abstand vom bisherigen beruflichen Umfeld zu gewinnen und sich gezielt anderen, neuartigen Herausforderungen zu stellen. Dabei können insbesondere persönliche und soziale Kompetenzen erworben bzw. vertieft werden:

- Persönliche Kompetenzen (Selbstorganisation, Stressresistenz, Selbstfürsorge/Resilienz, Sprachkompetenzen, gedankliche Flexibilität etc.)
- Soziale Kompetenzen (Umgang mit Personen und Wertebildern außerhalb der eigenen Branche bis hin zu interkulturellen Kompetenzen bei Auslandsaufenthalten, Teamfähigkeit, Konfliktfähigkeit durch Reframing des eigenen Lebens, usw.)

Neue fachliche Kompetenzen wird man eher im begrenzten Maße erwerben, soweit sie der Bewältigung der konkreten Aufgaben im gewählten Arbeitsfeld dienen. Eine Ausnahme hierzu findet sich allein bei einem fortbildungsorientierten Sabbatical. Hier stehen nachgerade die fachlichen Kompetenzen im Vordergrund und können demzufolge auch in einer entsprechenden Vereinbarung mit dem Unternehmen adressiert werden.

Nimmt man die Mitarbeit in einer Entwicklungshilfeorganisation als Beispiel, kann man sich z. B. den Erwerb von Fremdsprachenkenntnissen in Verbindung mit interkultureller Kompetenz, Selbstorganisation und Durchsetzung unter unbekannten Umständen und ähnliches vornehmen. Wer sich hingegen für die Mitarbeit in einer inländischen Nonprofit-Organisation (z. B. Obdachlosenhilfe, Kinderbetreuung, Tierschutz) entscheidet, kann zumindest hinsichtlich gedanklicher Flexibilität, Teamfähigkeit, Konfliktfähigkeit und Selbstorganisation gewinnen und zumeist auch im Bereich der Resilienz. Wird man hingegen ein familienorientiertes Sabbatical anstreben, geht es in erster Linie um die Reifung der eigenen Persönlichkeit, vielleicht auch verbunden mit der Weiterentwicklung bestimmter sozialer Kompetenzen wie Empathie.

Fallstudie Rainer Z.

Rainer Z. ist Prokurist in einem Medienunternehmen aus Süddeutschland, das v. a. Bücher und Zeitschriften mit regionalem und kunsthistorischem Bezug produziert. Das Verlagsspektrum umfasst historische Romane, zeitgenössische Kriminalromane und Erklärpublikationen zu diversen profanen und kirchlichen Baudenkmälern. Der Verlag wurde vom Vater des derzeitigen Inhabers und Geschäftsführers, Josef St., gegründet und besteht nunmehr seit 44 Jahren. Rainer Z. stieg vor 15 Jahren nach einem BWL-Studium als Trainee ein und verantwortet seit acht Jahren den gesamten kaufmännischen und Vertriebsbereich, dem sechs der 20 Mitarbeiter zugeordnet sind. Aufgrund der Zahlenlastigkeit möchte Rainer Z. einmal für eine gewisse Zeit etwas außerhalb der nüchternen Welt von Zahlen, Daten und Fakten angehen. Im Kreis seiner Kunden wurde ihm vorgeschlagen, mit einer kirchlichen Organisation der Entwicklungszusammenarbeit mehrere Monate in einem Schulprojekt in La Paz/Bolivien zuzubringen. Allerdings müsste er hierzu Spanisch lernen – bisher beherrscht er nur ein paar Höflichkeitsbrocken aus diversen Mallorca-Urlauben. Als Alternative machte ihn eine Freundin seiner Lebensgefährtin auf die Möglichkeit aufmerksam, in einem Tierheim in der benachbarten Universitätsstadt ein Fundraising-System und ein Konzept zur Öffentlichkeitsarbeit aufzubauen. Dafür würden ca. vier bis sechs Monate Zeit reichen.

Nicht zuletzt wird man in Anlehnung an Erpenbeck und Sauter (2015, S. 19 ff.) festhalten müssen, dass die Entwicklung von Kompetenzen im Rahmen eines Aneignungs- und Erfahrungsprozesses vonstattengeht und damit auch zwingend mit einem gewissen Bearbeitungszeitraum verbunden ist. Von daher ist ein ausreichend langer Zeitraum eine wesentliche Voraussetzung für den Erfolg.

Eine entsprechende Planung von Sabbaticals sollte daher sowohl aufseiten des interessierten Arbeitnehmers als auch aufseiten der Personalabteilung die einzelnen Entwicklungsmöglichkeiten näher prüfen und ggf. gezielt in den Vordergrund stellen, was im nachfolgenden Kap. 3 aufgegriffen wird.

Zur Fallstudie Rainer Z.

Arbeitgeber erwarten in der Regel zu zwei Punkten eine sorgfältige Vorbereitung: zur Dauer der Abwesenheit und deren rechtlicher Ausgestaltung (unbezahlte Freistellung bzw. Freistellung über Arbeitszeitguthaben oder Lohnausgleich durch anteilig gekürzte Gehaltszahlung) sowie zur Aufgabenverteilung. Hilfreich wäre es zudem, wenn man dem Arbeitgeber einen konkreten Nutzen der Freistellung nennen kann.

Nachdem er mit seinem Arbeitgeber gesprochen hat, weiß Rainer Z., dass er entweder im Frühjahr oder im Herbst nächsten Jahres für ca. drei bis vier Monate eine Auszeit nehmen kann. Dafür bietet ihm Josef St. an, dass im kommenden Jahr das Gehalt um ein Viertel gekürzt wird und Rainer Z. einen Monat von seinem Jahresurlaub mit einbringt. Im Gespräch verdeutlichte Rainer Z. seinem Arbeitgeber, dass sein Arbeitsfeld im Unternehmen ihm nach wie vor sehr viel Freude mache, er aber einmal Abstand von der Zahlenlastigkeit seiner Tätigkeit benötigen würde. Zudem könne er sich gut vorstellen, nach dem Sabbatical auch Überlegungen zu einem neuen Produktbereich zu entwickeln, der sich v. a. im Bereich der elektronischen Medien bewegen würde. Dazu könne er ja über die digitale Kommunikation mit seinen Angehörigen während der Anwesenheit einiges an Anschauungsmaterial gewinnen.

Aufgrund des Angebots von drei bis vier Monaten im nächsten Jahr entschließt sich Rainer Z., im kommenden Herbst nach Südamerika zu gehen – bis dahin reicht ihm die Zeit, sich die erforderlichen Sprachkenntnisse anzueignen. Die Mitarbeit im Tierheim hingegen hätte zum einen keinen ausreichenden Abstand zur Zahlenmaterie seiner aktuellen Tätigkeit geboten, zum anderen wäre der Zeitraum auch nicht ausreichend groß, das entwickelte Konzept auch tatsächlich umzusetzen. Und damit wäre für den Trägerverein des Tierheims auch die Versuchung zu groß, ihn auch nach dem Sabbatical weiter zu engagieren, zumal der räumliche Abstand nicht so groß ist.

Praktische Beispiele für die Umsetzung

Als Anregung für eigene Überlegungen sollen die typischen Beispiele für ein Sabbatical näher vorgestellt werden. Dabei wird auch analysiert, welche besonderen Kompetenzen in den entsprechenden Modellen entwickelt werden können und wie sie sich mit einer Personalentwicklung für das Unternehmen vereinbaren lassen.

3.1 Familienorientierte Sabbaticals

Familienorientierte Sabbaticals sind in erster Linie an den Interessen der Arbeitnehmer ausgerichtet. Mitarbeiter erhalten die Möglichkeit, sich um die besonderen Belange von Familienmitgliedern und um den Zusammenhalt der Familie als solcher zu kümmern. Ein gewisser Erholungszweck kann mit verfolgt werden.

Es können zwei Untertypen unterschieden werden
- Sabbaticals, die als Familienzeit v. a. der besonderen Sorge um Kinder dienen und möglicherweise auch den Zusammenhalt der Familie stärken
- Auszeiten zur Pflege von Familienangehörigen, bei schwerer Erkrankung oder altersbedingten Einschränkungen (Beispiel der ehemalige Bundespräsident Horst Köhler)

Da beide auf unterschiedlichen gesetzlichen Regelungen aufbauen, liegt eine aufgeteilte Behandlung nahe.

© Springer Fachmedien Wiesbaden GmbH 2018
S. Hillebrecht, *Sabbaticals für die Personalentwicklung*, essentials,
https://doi.org/10.1007/978-3-658-20648-2_3

3.1.1 Die Elternzeit-Sabbaticals

Derartige Sabbaticals dauern manchmal mehrere Monate oder auch – wie im besonders illustren Fall von Wolf Küpper – zwei Jahre. Er unternahm gemeinsam mit Ehefrau und Tochter eine ausführliche Weltreise (vgl. Mayer 2016, S. 56; ausführlicher Küpper 2016; ein ähnliches Beispiel findet sich bei Pokorny 2017, S. 28 f.). Selbst großzügige Urlaubsregelungen gehen kaum über sechs Wochen am Stück hinaus, sodass entsprechend ausführliche Unternehmungen tatsächlich auf Sabbaticals aufbauen müssen.

Der Nutzwert dürfte vor allem für den Arbeitnehmer gegeben sein, weniger für den Arbeitgeber. Von daher wird die Personalentwicklung vor allem auf zwei Ziele abstellen:

- Erhalt der Arbeitsfähigkeit, soweit wie möglich und nötig, um die Reintegration möglichst problemarm zu halten
- Stärkung der persönlichen Resilienz, durch bewusste Nutzung als Auszeit mit familiären Aufgaben

In verschiedenen Bereichen, vor allem bei Auszeiten über 6 Monaten, wird dabei die Rückkehr auf den angestammten Arbeitsplatz nicht mehr möglich sein, weil inzwischen eine andere Person die Aufgaben wahrnimmt. Hierzu gilt es folglich, die Vereinbarung für eine Auszeit und die zwischenzeitlich wahrzunehmenden Kontakthalteprogramme (Teilnahme an Teambesprechungen, Schulungen für bestimmte neue Verfahrensweisen und Anwendungen) bereits entsprechend auszugestalten, dass der Mitarbeiter in Auszeit nach Rückkehr wieder auf einen anderen Arbeitsplatz erfolgreich einsteigen kann. Des weiteren wird man eine gewisse Einarbeitungszeit mit entsprechender Betreuung am neuen Arbeitsplatz einplanen müssen. Aufgabe des Arbeitnehmers (und damit auch eine Chance zur persönlichen Entwicklung) ist es, sich selbst so zu organisieren, dass man den selbst gesteckten Erwartungen gerecht wird und gleichzeitig die Rückkehr ermöglicht. Dies kann manchmal nur um den Preis eines Kompromisses zwischen allen Anforderungen erfolgen und wird sicher auch für eine gewisse emotionale Belastung sorgen. Von daher sollte zu einer kinderorientierten Auszeit auch immer die Sicherung der Ressource „mentale Gesundheit" gehören, durch externe Ansprechpartner und bewusst gesetzte Freiräume.

Manchmal wird die Elternzeit auch bewusst für eine Kombination aus familiärer Sorge und beruflicher Fortbildung genutzt. Als Beispiel dient eine Bankerin, die in der Elternzeit einen MBA-Aufbaustudiengang absolviert hat, mit dem Hinweis, dass sich die Betreuung des Kleinkindes sehr gut mit den Studienanforderungen verbinden ließ (vgl. Lütke 2017, S. 71).

3.1.2 Die pflegeorientierten Sabbaticals

Grundsätzlich stellen pflegeorientierte Sabbaticals zunächst einmal eine Entlastung des Arbeitnehmers dar, damit er sich frei von Arbeitspflichten um pflegebedürftige Angehörige kümmern kann. Der Anspruch ergibt sich in Deutschland aus § 3 Pflegezeitgesetz und kann 3 bzw. 6 Monate umfassen. Ergänzend können beim Bundesamt für Familie und zivilgesellschaftliche Aufgaben zinslose Darlehen beantragt werden, um den Lohnausfall zu kompensieren (vgl. Reuyß 2015, S. 7 f.).

Eine gewisse Unsicherheit besteht in der tatsächlich benötigten Freistellung, denn Pflegefälle sind selten konkret berechenbar. Wenn der eigene Vater eine intensivere Betreuung benötigt, kann ein Sabbatical zur Überbrückung bis zur Bereitstellung eines freien Platzes in einem Pflegeheim dienen, was überschaubar ist. Es kann aber auch im Falle einer länger währenden Erkrankung bis zum Tod des pflegebedürftigen Angehörigen führen und eine gewisse anschließende Trauerzeit sowie Zeitaufwand für Haushaltsauflösung etc. einschließen, was aber im Gesamtumfang selten sicher vorher bestimmbar ist. Von daher dürfte es sinnvoll sein, von vornherein die maximal mögliche Zeit von drei bzw. sechs Monaten anzupeilen.

Dem steht das durchaus berechtigte Bedürfnis des Arbeitgebers gegenüber, einen verlässlichen Zeitraum genannt zu bekommen, in dem eine Vertretungsregelung erforderlich wird. Von daher wird man in der entsprechenden Vereinbarung offen über Ziel und Zweck der Freistellung sprechen müssen und auch über mögliche Zustände zum Ende des Sabbaticals offen reden – kann noch eine zusätzliche Zeit fakultativ in Anspruch genommen werden oder nicht? Wird der Arbeitnehmer verpflichtet, dafür selbstständig eine Lösung zu erarbeiten, die seine verlässliche Rückkehr zum vereinbarten Termin erlaubt? In Würdigung der Gesamtumstände kann es daher in einigen Fällen sinnvoll sein, statt einer beruflichen Auszeit Teilzeitregelungen oder eine pflegesensible Schichteinteilung zu wählen, entsprechend der Möglichkeiten des jeweiligen Unternehmens (siehe Reuyß 2015, S. 17 ff.).

Die Freistellung in diesen Fällen dürfte auf den ersten Blick keine besonderen berufsbezogenen Entwicklungsmöglichkeiten bieten. Auf den zweiten Blick kann man aber davon ausgehen, dass auch diese Form der Auszeit die Persönlichkeit entwickelt. Wer sich mit Pflege und dem damit verbundenen Leid und Freud konstruktiv auseinandersetzt, wird vermutlich nach seiner Rückkehr in den Beruf Prioritäten und Arbeitsweisen neu definieren und an Reife gewonnen haben. Nicht zuletzt wird man in den meisten Fällen eine gewisse Dankbarkeit und Loyalität erwarten können. Zudem sollte man seitens der Personalabteilung bzw. der Vorgesetzten auch über ein Kontakthalteprogramm nachdenken, damit der Mitarbeiter während der Auszeit nicht komplett von den Entwicklungen am Arbeitsplatz abgeschnitten ist. Dazu bieten sich z. B. „Rückkehrtage" (z. B. einmal im Monat) an, in denen man zumindest Post bearbeitet oder aber an internen Schulungen teilnimmt. Damit erleichtert man die problemarme Wiedereingliederung nach Ende des Sabbaticals.

Ähnlich einem Elternzeit-Sabbatical wird die begleitende Personalentwicklung in erster Linie auf die Frage abstellen, wie die Reintegration möglichst einfach gehalten werden kann, ob der Arbeitsplatz bis zur Rückkehr offen gehalten werden kann bzw. nach Rückkehr ein anderer Arbeitsplatz mit anderen Anforderungen auszufüllen ist und welche Einarbeitungsmaßnahmen erforderlich sind (siehe auch Reuyß 2015, S. 15 ff.). Teilweise ist es auch sinnvoll, regelmäßige Beteiligung an betrieblichen Besprechungen vorzusehen, ggf. auch über Internet-Telefonie („Skype").

Hinzu kommt aber auch der Aspekt, dass in der Regel weniger eine Erholung stattfindet, sondern oft genug eine enorme physische und psychische Belastung durch die zu pflegenden Angehörigen (siehe auch Renaud o. J.; Rothgang et al. 2012). Entsprechend sollte die Einarbeitungszeit möglicherweise mit befristeter Teilzeit und ggf. auch begleitenden Coaching-Angeboten verbunden werden, um die Belastung möglichst schnell wieder abbauen zu können. Und auch während der Auszeit sollte der Arbeitnehmer in der Lage sein, durch geeignete externe Ansprechpartner seine eigene Situation verarbeiten zu können. Allein die Tatsache, durch offenen Austausch sich die eigene Lage zu vergegenwärtigen und Ausgleichs- oder Änderungsmaßnahmen zu ergreifen, dürfte der zentrale Erfolg der persönlichen Entwicklung sein.

3.2 Fortbildungsorientierte Sabbaticals

Sofern Arbeitnehmer umfangreichere Fortbildungsmaßnahmen anstreben, wie z. B. ein Master- bzw. einen MBA-Studium, kann ein Sabbatical ein sinnvolles Instrument der Personalentwicklungsinstrument sein (siehe auch Schmale 2016). Das Beratungsunternehmen McKinsey gewährt bestimmten Mitarbeitern Freistellungen für die Anfertigung einer Dissertation (vgl. von Elm 2014), ebenso das internationale Steuerberatungsbüro Deloitte (vgl. Deloitte 2011, S. 9). Über den (ehemaligen) S. Fischer-Verlagsleiter Peter Sillem geht die Fama, dass er schon bei seinem Arbeitsantritt ein Sabbatical fixiert hatte, das er zur Erstellung einer Dissertation nutzte (vgl. Kremer 2017).

Fallstudie Elena B.

Elena B. hat zunächst ein Studium in Medienwirtschaft mit Abschluss Bachelor of Arts absolviert und dabei ein Praktikum für einen Autohersteller in China absolviert. Nach Studienabschluss wurde sie von einem Tochterunternehmen des Autoherstellers im Kommunikationsbereich eingestellt und arbeitet nunmehr drei Jahre. Inzwischen hat sie erfahren, dass sie für einen hierarchischen Aufstieg einen Masterabschluss aufweisen sollte. Sie steht vor der Möglichkeit, in den nächsten drei Jahren berufsbegleitend ein Studium zu absolvieren oder aber an einer Universität in Asien in einem Jahr in Vollzeit einen Masterstudiengang zu absolvieren.

Nach ausführlicher Diskussion im Freundes- und Familienkreis, entschließt sie sich, aus Gründen der interkulturellen Neugier und im Hinblick auf die Lebensqualität (ein berufsbegleitendes Studium erscheint ihr im Hinblick auf ihre 50–60-Stunden-Arbeitswochen als wenig sinnvoll, und mit einem hierarchisches Aufstieg würde diese Belastung auch kaum abnehmen), zum kommenden Herbst an einer Hochschule in Singapur einen einjährigen Masterkurs anzutreten. Sie vereinbart dazu mit ihrer Vorgesetzten eine Regelung, unter Nutzung der Betriebsvereinbarung zur Fortbildung im Unternehmen: Sie wird für die Dauer des Studiums freigestellt, wird aber über das Unternehmen weiterhin in der Sozialversicherung geführt. Diese Beiträge und ein Zuschuss zu den Reisekosten und Studiengebühren werden ihr als Bildungsdarlehen gewährt, das nach Rückkehr pro rata temporis über drei Jahre gestreckt mit einem Verrechnungssatz getilgt wird. Die Lebenshaltungskosten als solche wird sie aus eigenen Mitteln bzw. einer Zuwendung ihrer Mutter finanzieren.

Aber auch für weniger aufwendige Fortbildungsgänge, z. B. ein dreimonatiger Lehrgang zum Erlangen bestimmter Fachkenntnisse (beispielsweise bestimmte Beratungsinstrumente wie systemisches Beraten oder eine technische Sachkunde), bieten sich hierfür an. Relevant allein ist, dass der Arbeitnehmer eine definierte Auszeit für eine bestimmte Bildungsmaßnahme nutzt und ist nicht durch betriebliche Aufgaben abgelenkt wird, das Unternehmen im Gegenzug aber auch durch die zusätzlich erworbene Kompetenz profitieren kann. Das bereits benannte Beispiel der Unternehmensberatung McKinsey illustriert dies ebenso deutlich wie das vermutlich bekannteste Beispiel, in Gestalt des ehemaligen IBM-Personalmanager Geert Hofstede. Während seiner zweijährigen Freistellung 1971–1973 entwickelte er an einer Hochschule sein Konzept der kulturellen Dimensionen (vgl. Hoppe und Hofstede 2001, S. 75 ff.), das bis heute zu den

Grundlagen der Personalwirtschaft zählt und in den 70er Jahren die Personalarbeit von IBM nachhaltig beeinflusste.

Das Unternehmen kann damit von zusätzlichen Kenntnissen und Qualifikationen profitieren und erhält damit einen Gegenwert. Allerdings werden in der Regel auch gewisse Bedingungen an die Freistellung geknüpft. So können Zuschüsse oder Beteiligungen an Lebenshaltungs- und Ausbildungskosten als „Bildungsdarlehen" gewährt werden, die der Arbeitnehmer nach Rückkehr unter Voraussetzung bestimmter Rahmenbedingungen (z. B. erfolgreiches Bestehen des Ausbildungsgangs, Anfertigen bestimmter Vorschläge) vom Arbeitgeber im Anschluss erlassen bekommt, notfalls „pro rata temporis" durch seine Arbeitsleistung abzahlt. Hierbei gilt der Grundsatz, dass Unternehmen ihre Mitarbeiter nicht unbillig benachteiligen dürfen, in dem sie die Arbeitnehmer quasi leibeigen für eine bestimmte Zeit an das Unternehmen binden. Es ist aber eine Koppelung an eine bestimmte Zeitdauer der anschließenden Nutzung im Betrieb zulässig, die maximal 36 Monate betragen darf (siehe hierzu BAG-Urteil 9 AZR 545/12 vom 18.03.2014 i. V. m. § 307 I 1 BGB; BAG-Urteil 9 AZR 186/07 vom 18.03.2008), Nur bei Bildungsmaßnahmen über 2 Jahre Dauer können 5 Jahre Bindungsfrist infrage kommen (BAG-Urteil 6 AZR 452/04 vom 21.07.2005).

Von daher sollte rechtzeitig vor Antritt ein Zeit- und Maßnahmenplan vereinbart werden, in dem das Unternehmen seine Unterstützung (Freistellung, ggf. Lohnfortzahlung bzw. Übernahme von Sozialleistungen, Beteiligung an entsprechenden Fortbildungskosten), aber auch die erwarteten Beiträge des Arbeitnehmers (Ergebnis der Freistellung und dessen Integration in den Betrieb, Abtreten von Erfindungen bzw. Entwicklungsleistungen, Übergabe von Forschungsleistungen etc.) festhält. So können im bereits benannten McKinsey-Beispiel nur Mitarbeiter nach mindestens drei Jahren von diesem Angebot profitieren und sowohl das Ziel als auch die Zeitdauer werden genau definiert (vgl. von Elm 2014). Regelmäßig werden gerade bei forschungsorientierten Freistellungen Themen vereinbart, die für die Entwicklungs- bzw. Beratungsarbeit des Unternehmens relevant sind. Ein ähnliches Beispiel unterstreicht dies: der „Bild"-Chefredakteur Kai Diekmann nutzte 2012/2013 eine halbjährige Auszeit in Silicon Valle, um gemeinsam mit zwei Kollegen nach neuen Geschäftsideen für den Axel-Springer-Verlag zu suchen (vgl. Löhr et al. 2015; o. V. 2012). Auch wenn keine direkten Erfolge vermeldet wurden, zeigen interne Informationen, dass der Innovationsprozess des Berliner Verlagshauses einige wichtige Impulse erhielt. Nebenbei: für Freunde flotter Formulierungen empfehlen sich die Erinnerungen seiner Frau Katja Kessler (2015). Sie zeigt etwas von dem auf, was gemeinsam verbrachte Sabbaticals im Ausland für Ehepartner und Kinder bedeuten können.

3.3   Sozialorientierte Sabbaticals

Sozialorientierte Arbeitseinsätze im In- und Ausland werden regelmäßig als Möglichkeit genannt, eine Auszeit mit neuen Erkenntnissen und Erfahrungen zu verbinden (vgl. Furkel und Dieterich 2014, S. 7; Hartmann-Wolff und Reinhard 2014, S. 2; o. V. 2016, 2017a; Zeuner 2014, S. 64 ff.). Ob die Leitung eines Tierheims in Oberfranken, die Mitarbeit in einer Mädchenschule in einer brasilianischen Favela oder die Einrichtung eines Seniorenpflegeheims auf den Malediven, die neuartige Herausforderung soll es Führungskräfte erlauben, Sachverhalte außerhalb ihrer eigenen Organisation und damit das Leben in toto neu zu entdecken, neue Impulse für ihre eigene Lebensführung zu erhalten und sich damit als Person insgesamt weiter zu entwickeln.

Entsprechend schätzen Unternehmenslenker wie der frühere Siemens-Vorstandsvorsitzende Klaus Kleinfeld ein soziales Engagement gleich welcher Art als sehr wertvoll ein, gerade bei Managern (vgl. Werle und Kleinfeld 2005). Auch die Heidelberger Softare-Schmiede SAP AG hat sich daher 2013 entschlossen, Führungsnachwuchskräften eine Auszeit mit sozialen Aufgaben zu ermöglichen (vgl. Koschik 2013a). Im Ergebnis werden die meisten Führungskräfte nach Rückkehr ihr Führungsverhalten verändern, indem sie zum Beispiel die Belange ihrer Mitarbeiter anders wahrnehmen, Führungsentscheidungen anders treffen und begründen oder auch die Zusammenarbeit in ihren Teams neu ausrichten. In Einzelfällen kann es ebenso vorkommen, dass sie ihre eigenen Aufgabenfelder neu zugeschnitten wissen wollen oder neue Aufgabenfelder suchen.

Nicht zuletzt können Tätigkeiten im Ausland auch dazu dienen, die eigenen Fremdsprachenkenntnisse zu vertiefen und mit Unsicherheiten besser zurecht zu kommen (vgl. o. V. 2015). Bei diesem Ansatz sollte also die Personalabteilung Wert darauf legen, dass vor Antritt des Sabbaticals und nach Rückkehr Persönlichkeitsanalysen durchgeführt werden, um den Entwicklungsfortschritt und seine Richtung dokumentieren und entsprechend mit dem Mitarbeiter seinen weiteren Einsatz debattieren zu können.

Für Unternehmen wiederum geht mit der Förderung von Social Sabbaticals die Möglichkeit einher, gesellschaftliche Verantwortung gegenüber Mitarbeitern und sozialem Umfeld zu demonstrieren. Damit können sie also neben der Förderung ihrer Mitarbeiter auch Pluspunkte in der Öffentlichkeit sammeln (vgl. Lahme und Green 2009, S. 30).

Unterstützung erfahren Arbeitnehmer in dieser Zeit u. a. durch das Programm „Weltdienst 30+", bei dem Berufstätige und Ruheständler eine Tätigkeit in der Entwicklungshilfe durchführen können (vgl. o. V. 2017a, b). Auch Beratungsdienstleister wie die Organisation „Manager für Menschen", übrigens aus einer Sabbatical-Erfahrung der Gründerin Elke Dieterich hervor gegangen (vgl. o. V. 2016; ergänzend Manager für Menschen 2017), können Hilfestellungen leisten.

Zur Fallstudie Rainer Z.

Nachdem Rainer Z. kurz nach Weihnachten aus Lima zurückkehrt (die Weihnachtsmesse in der Kathedrale hat ihn stark beeindruckt, obwohl er ansonsten kein explizit religiöser Mensch ist), zieht er in der Zeit zwischen den Jahren eine Bilanz. Er durfte die erworbenen Spanisch-Kenntnisse durch tägliche Übung intensivieren und spricht nunmehr sehr flüssig. Besonders fühlt er sich durch die vollständig anderen Lebensbedingungen vor Ort angesprochen, er konnte inmitten relativ ungeordneter Umstände jeden Tag eine Lösung erzielen und traut sich nunmehr auch ein flexibleres Umgehen mit Störungen und Schwierigkeiten zu. Zugleich konnte er an dem wöchentlichen freien Tag viele Sehenswürdigkeiten in Bolivien aufsuchen und neue Bekanntschaften schließen. Er trat verschiedenen Social Media-Gruppen bei, in denen er Reistipps austauschte und Freundschaften weiter pflegen will. Seine Lebensgefährtin, die ihn begleitet hat, und er haben in den drei Monaten zu Familie und Freunden regelmäßig durch Internet-Bildtelefonie und Social Media-Einträge Kontakt gehalten. Rainer Z. geht daher davon aus, dass sein Arbeitgeber ein neues Geschäftsfeld im Bereich der Online-Medien suchen sollte, z. B. durch kostenpflichtige Downloads, abrufbar über QRFs, und über Möglichkeiten der Interaktion zwischen Kunden, die rund um die in den Erklärpublikationen dargestellten Gebäude zusätzliche Informationen zu Gastronomie und weiteren Kulturangeboten suchen.

Insgesamt dienen sozialorientierte Sabbaticals vor allem dazu, persönliche Kompetenzen im Bereich Stressresistenz, Selbstmanagement und Flexibilität, ergänzt um Fremdsprachenkenntnisse bei Einsätzen im Ausland, sowie Sozialkompetenzen im Bereich Teamarbeit, Kommunikationsverhalten und Projektmanagement zu vertiefen. Allerdings darf man die Erwartungen nicht zu hoch setzen, da eine durchschnittliche Projektdauer von drei bis sechs Monaten selten mit der Übertragung einer konkreten Verantwortung verbunden ist, wie eine Abschlussarbeit an der FHWS erst vor kurzem zeigte (vgl. Baumann 2017). Aus Sicht der Organisation vor Ort ist gerade der letzte Punkt durchaus verständlich – wenn jemand nach wenigen Monaten den Arbeitsort wieder wechselt, werden sich umfassende Einarbeitungen ebenso wenig lohnen wie die Übertragung einer herausragenden Verantwortung wirklich anbieten, da die Reibungsverluste durch den steten Wechsel in der Verantwortung zu hoch sind.

3.4   Sabbaticals zur Gesunderhaltung

Verschiedene Ratgeberbücher thematisieren ein Sabbatical sehr offen als Möglichkeit, einen Burn-out zu vermeiden bzw. nach einem Burnout erst einmal zu sich zu finden (z. B. Zeuner 2014, S. 40 ff.). Die dazu angebotenen Möglichkeiten umfassen Weltreisen, den Pilgerweg nach Santiago de Compostela (wir verweisen auf das bereits benannte Beispiel „Ich bin dann mal weg" von Kerkeling 2009) ebenso wie Kloster auf Zeit oder Schweigewochen in einem indischen Schrein oder auch ein Batikkurs auf Bali. Letztendlich ist alles möglich, was in irgendeiner Form der Erholung dienlich ist und die Lebens- und Schaffenskraft zurück bringt. Als bekanntes Beispiel dient der Fußballtrainer, der vor seiner Verpflichtung beim FC Bayern München ein Jahr in New York Erholung und Abstand zur Arbeit suchte (vgl. Jessen 2013).

Eine Studie von Martin Rothland (2013) unter Lehrkräften zeigt deutlich auf, dass ein Sabbatjahr den Gesundheitszustand deutlich positiv beeinflusst und die Arbeitsfreude und Leistungsfähigkeit nachhaltig stärken kann, was durch Ergebnisse aus dem Ausland gestützt wird (vgl. Mohr 2012). Analog zeigt das Beispiel Matthias Sammer deutlich auf, dass es manchmal sinnvoll sein kann, nach einer gravierenden Erkrankung eine gewisse Zeit zu pausieren. Der bekannte Sportmanager und ehemalige Nationalspieler musste nach einer Gehirnblutung eine Auszeit nehmen (vgl. o. V. 2016).

Fallstudie Reinhard K.

Reinhard K. absolvierte zunächst eine kaufmännische Lehre sowie seinen Wehrersatzdienst in einer Einrichtung für Mehrfachbehinderte. Anschließend studierte er Betriebswirtschaft an einer Fachhochschule in Rheinland-Pfalz und stieg als Trainee bei einem großen Medienhandels-Konzern ein. Nach drei Jahren wechselte er zu einem mittelgroßen Buchhandelsunternehmen mit derzeit ca. 300 Mitarbeitern. Nach verschiedenen Stationen in der Filialleitung verantwortet Reinhard K. seit 12 Jahren in der Geschäftsleitung die Bereiche Personal, Rechnungswesen und Controlling. Vor 17 Jahren wurde er Vater von zwei Zwillingen, vor kurzem konnte er seinen 50. Geburtstag feiern. Dabei stellte er fest, dass er bestimmte Aufgaben nicht mehr im gewohnten Tempo erledigen kann und seine körperliche Leistungsfähigkeit nach einem ärztlichen Checkup deutlich nachlässt. Er führt dies nicht zuletzt auf die doppelte Belastung in Beruf und Familie zurück, zumal er seit vielen Jahren seine Hobbys Fotografieren und Schwimmsport nicht mehr ausübt. Inzwischen fragt er sich auch, ob es wirklich noch so weitergehen kann bis zum Eintritt in den Ruhestand. Besonders nachdenklich stimmt ihn der Krebstod seines Studienfreundes

Christian L. Bei der Scheidung vor vier Jahren war Christian L. ihm der wichtigste Gesprächspartner. Nach mehreren Coachinggesprächen steht für Reinhard K. fest, dass es Zeit wird für eine Reise mit dem Motorroller rund um den italienischen Stiefel, gemeinsam mit den beiden Kindern. Außerdem möchte er die Wohnung, die er seit der Scheidung bewohnt, wohnlicher herrichten – bisher war sie eher eine Übernachtungsgelegenheit mit Spielzimmer für die Kids. Der ideale Zeitraum dürfte der Sommer im kommenden Jahr sein, wenn seine Zwillinge die Realschule abschließen. Für die Auszeit wird er vermutlich drei Monate benötigen, mehr als sein jährlicher Erholungsurlaub hergibt.

Die Personalentwicklung ist an dieser Stelle in der Form gefragt, dass sie vor Antritt des Sabbaticals ein Orientierungsgespräch führt, um die zwei bis drei wichtigsten Ziele rund um die Gesunderhaltung zu erfassen. Zudem sollte geklärt werden, in welcher Form der Aussteiger auf Zeit einen möglichen Schock durch das „Nichtstun" zu bewältigen vermag, sprich: in welcher Form bereits ein Handlungsplan vorhanden ist, der eine völlige Leere mit dem entsprechend drohenden mentalen Kollaps verhindert (siehe auch Mohr 2012). Nach Rückkehr sollte ein zweites Gespräch geführt werden, um den Erfolg des Sabbaticals zu evaluieren, mit den Punkten „Was habe ich zu meiner Gesundheit gelernt?", „Auf welche zwei bis drei Punkte werde ich Zukunft verstärkt achten?" und „Was kann ich meinen Mitarbeitern vermitteln, damit auch diese von meiner Auszeit profitieren können?".

3.5   Einbindung in Kurzarbeitsprogramme

Unabhängig von den konkreten Anforderung an die Gewährung von Kurzarbeitergeld kann man darüber hinaus überlegen, in welcher Form Unternehmen mit vorüber gehenden Auslastungsproblemen ihren Mitarbeitern eine begrenzte Freistellung im Rahmen einer Sabbatical-Regelung anbieten. Wenn ganze Betriebsteile davon betroffen sind, kann ein Unternehmen z. B. Kurzarbeit bis hin zur „Kurzarbeit Null" beantragen, die auch für Fortbildung der Arbeitnehmer genutzt werden kann (siehe Heidemann 2011, ergänzend §§ 77 ff. SGB III). Allerdings sind hier enge Vorgaben zu berücksichtigen, die sich auf bestimmte Zielgruppen wie z. B. Geringqualifizierte oder ältere Beschäftigte beziehen. Hierzu bietet es sich an, mit der Arbeitsverwaltung die genauen Modalitäten und auch die Möglichkeiten einer Bezuschussung zu klären, z. B. aus Mittel des Europäischen Sozialfonds (ESF). Eine Übersicht über die entsprechenden Angebote enthält die Datenbank „KURSNET" der Arbeitsagentur.

3.6   Sabbaticals als Angebot zur Berufsorientierung

Gerade im Hinblick auf umfangreiche Restrukturierungen, die z. B. bei vielen deutschen Banken in den nächsten Jahren anstehen, kann es sinnvoll sein, ein Sabbatical als Möglichkeit anzubieten, sich beruflich neu zu orientieren. Im Rahmen von Outplacement-Angeboten kann drei bis sechs Monate Freistellung von der Arbeit und weiterem Bezug des Gehalts (ggf. auch reduziert) anbieten, um sich andere Arbeitsfelder außerhalb des Arbeitgebers anzusehen (siehe auch Kremer 2017). Offiziell ist der Arbeitnehmer weiterhin bei seinem Arbeitgeber beschäftigt und kann demzufolge mit einem gewissen Selbstbewusstsein auftreten. Damit werden Sabbaticals ein Instrument, aufwendige Maßnahmen der Personalfreisetzung zu steuern. Allerdings ist bisher noch nicht ausreichend geklärt, welche Akzeptanz dies bei Betroffenen haben wird. Nach bisheriger Erfahrung bevorzugen diese oftmals eher den harten Schnitt mit einer entsprechend höheren Abfindung.

Wenn man davon ausgeht, dass der Zeitaufwand für Vorbereitung einer Auszeit mindestens der Zeit entspricht, die man aussetzen wird (manchmal auch das Doppelte), kann man ungefähr abschätzen, in welchen Zeithorizonten zu planen ist. Dazu muss man sich zum einen zunächst einmal mit den eigenen Zielen und Erwartungen sowie ggf. den familiären Rahmenbedingungen auseinandersetzen, bevor man dann in einem zweiten Schritt die Regelung am Arbeitsplatz vornimmt und ggf. – bei einem sozialen Engagement oder einer Fortbildungszeit – auch die Vereinbarungen mit dem jeweiligen Kooperationspartner trifft. Diese umfassen:

1. Eine Klärung der Zielsetzung:
   - Umfassende Erholung
   - Berufliche Neuorientierung
   - Tourismus
   - Familienaufgaben
   - Fortbildung
   - Und manchmal auch „sonstige Zwecke", was auch immer man darunter verstehen mag.
2. Der Zeitraum der Auszeit
   - Ca. 2–3 Monate, oftmals mit Rückkehr auf den ausgeübten Beruf/den angestammten Arbeitsplatz
   - Ca. 3–6 Monate, wobei hier die Rückkehr auf den angestammten Arbeitsplatz nur bedingt möglich ist
   - Über 6 Monate, mit der Konsequenz, den bisherigen Arbeitsplatz zu verlieren und nach der Rückkehr eine völlig neue Aufgabe zu übernehmen, oftmals in einer anderen Organisationseinheit oder gar einem anderen Enternehmen

© Springer Fachmedien Wiesbaden GmbH 2018   33
S. Hillebrecht, *Sabbaticals für die Personalentwicklung*, essentials,
https://doi.org/10.1007/978-3-658-20648-2_4

3. Eine Prüfung der eigenen wirtschaftlichen Situation
   - d. h. Reserven für die Zeit, in Höhe der durchschnittlichen monatlichen Lebenshaltungskosten plus Zuschlag für „Sonderbedarf", z. B. Reisekosten bei Auslandsaufenthalten, Gebühren für Fortbildungsmaßnahmen
   - Reserven für finanzielle Verpflichtungen, die besser nicht ausgesetzt werden, um wirtschaftliche Nachteile zu vermeiden (z. B. Zahlung für Lebens- und andere Versicherungen, Schuldentilgung bei Immobilienkrediten, Unterhaltsverpflichtungen)
   - Mögliche Unterstützungsleistungen des Arbeitgebers, z. B. für Fortbildungsmaßnahmen
   - Ggf. auch eine Überbrückungsreserve, wenn nach Rückkehr aus dem Sabbatical nicht gleich der angepeilte Arbeitsplatz zur Verfügung steht oder anderweitige Gründe einer unmittelbaren Arbeitsaufnahme im Wege stehen
4. Eine Prüfung der derzeitigen beruflichen Situation
   - Vermutete Reaktionen bei Vorgesetzten und Kollegen
   - Folgen für die eigene Karriere (Umsetzung am Arbeitsplatz, neue Aufgabengebiete, Wegrationalisierung des eigenen Arbeitsplatzes) und ggf. zu ziehende Konsequenzen
   - Vereinbarung über Auszeit
   - Notwendigkeit für Einarbeitungsmaßnahmen nach Rückkehr
5. Eine Prüfung der erreichbaren Qualifikationen und Kompetenzen
   - Potenziell erreichbare persönliche Kompetenzen (z. B. Stressresistenz/Resilienz, Selbstorganisation, Ausdauer, Konzentrationsvermögen, Improvisationsvermögen, Analysevermögen)
   - Potenziell erreichbare soziale Kompetenzen (interkulturelles Verständnis, Teamgeist, Umgang mit herausfordernden Personen, Moderation, Sprachen/Ausdrucksvermögen, Vermittlungskompetenzen)
   - Potenziell erreichbare Fachkompetenzen, entsprechend des gewählten Einsatzbereichs

Entsprechend dieser Prüfsteine gilt es, die möglichen Sabbatical-Angebote gezielt auszuwählen und dazu zwischen Arbeitgeber und Arbeitnehmer eine faire Sabbatical-Regelung zu treffen. Eine Erfolgsmessung kann anschließend über den Abgleich zwischen den Erwartungen in der Vereinbarung und den tatsächlich realisierten Erfolgen bestehen.

Was Sie aus diesem *essential* mitnehmen können

- Prominente Beispiele für ein Sabbatical
- Übersicht über die verschiedenen Modelle eines Sabbaticals
- Hinweise zur Dauer und inhaltlichen Gestaltung eines Sabbaticals
- Ansatzpunkte für die eigene Persönlichkeitsentwicklung
- Vielfältige Hinweise auf die Möglichkeiten der Personalentwicklung im Sabbatical
- Hinweise auf mögliche Problempunkte bei Vereinbarung eines Sabbaticals und Rückkehr an den Arbeitsplatz
- Checkliste für die Vereinbarung zwischen Arbeitnehmer und Arbeitgeber

© Springer Fachmedien Wiesbaden GmbH 2018
S. Hillebrecht, *Sabbaticals für die Personalentwicklung,* essentials,
https://doi.org/10.1007/978-3-658-20648-2

Literatur

ARAG-Versicherung: Sabbatical – Gründe für eine berufliche Auszeit, Pressemitteilung vom 26.01.2016. www.arag.de/auf-ins-leben/arbeitsrecht/sabbatjahr-auszeit/ (2016). Zugegriffen: 25. Jan. 2017

Baumann, J.: Kompetenzentwicklung zukünftiger Arbeitnehmer durch freiwillige soziale Auslandsprojekte – Bedeutung für Arbeitgeber, unveröffentlichte Bachelorarbeit an der Fakultät Wirtschaftswissenschaften der Hochschule für angewandte Wissenschaften Würzburg-Schweinfurt, im Wintersemester 2017/2018. (2017)

BMAS Bundesministerium für Arbeit und Soziales: Teilzeit, Beitrag vom 30.06.2015. http://www.bmas.de/DE/Themen/Arbeitsrecht/Teilzeit/Teilzeitmodelle/inhalt.html (2015). Zugegriffen: 15. Nov. 2017

BMBF Bundesministerium für Bildung und Forschung: Bildungsbereitschaft ist Chance für Fachkräftesicherung, Pressemitteilung Nr. 049/2013 vom 15.05.2013. www.bmbf.de/de/bildungsbereitschaft-ist-chance-fuer-fachkraeftesicherung-774.html (2013). Zugegriffen: 1. Febr. 2017

BMFSFJ Bundesministerium für Familien, Senioren, Frauen und Jugend: Unternehmensmonitor Familienfreundlichkeit. Eigenverlag, Berlin. www.bmfsfj.de/blob/95434/ede1131bedf5bbbb477cffd478bcc1b7/unternehmensmonitor-familienfreundlichkeit-2016-broschuere-data.pdf (2016). Zugegriffen: 21. Juli 2017

Böker, K.-H.: Flexible Arbeitszeit-Langzeitkonten, 2. Aufl. Bund, Frankfurt a. M. (2013)

Bugmann, Y.: Ticken wir noch richtig? Beitrag vom 30.04.2014. https://www.prognos.com/publikationen/zukunftsatlas-r-regionen/download-broschuere-2016/ (2014). Zugegriffen: 8. Nov. 2017

Bugmann, Y., Meyer, G.: Wenn Manager eine Auszeit nehmen, Beitrag vom 26.07.2013. http://www.hrtoday.ch/de/article/wenn-manager-eine-auszeit-nehmen (2013). Zugegriffen: 8. Nov. 2017

Bundeskanzleramt: Sabbatical, Beitrag vom 24.05.2017. https://www.help.gv.at/Portal.Node/hlpd/public/content/99/Seite.990097.html (2017). Zugegriffen: 10. Juli 2017

Burkhardt, K.: Der Hamster ist dann mal weg. Nido 3(2017), 88–92 (2017)

Carstens, D.: Das neue Prüfungsrecht zur Insolvenzsicherung von Wertguthaben. Lohn + Gehalt **8**,68–69 (2011)

© Springer Fachmedien Wiesbaden GmbH 2018

S. Hillebrecht, *Sabbaticals für die Personalentwicklung,* essentials, https://doi.org/10.1007/978-3-658-20648-2

Croyé, M.: Eine Auszeit nehmen und Gutes tun, Beitrag vom 01.09.2017. www.welt.de/wirtschaft/karriere/bildung/article168178978/Eine-Auszeit-nehmen-und-Gutes-tun.html (2017). Zugegriffen: 3. Sept. 2017

Czycholl, H.: So bekommen Sie die Auszeit vom Job durch, Beitrag vom 06.07.2013. www.welt.de/wirtschaft/karriere/article117787630/So-bekommen-Sie-die-Auszeit-vom-Job-durch.html (2013a). Zugegriffen: 25. Jan. 2017

Czycholl, H.: So bekommen Sie die Auszeit vom Job durch, Beitrag vom 06.07.2013. www.welt.de/wirtschaft/karriere/article117787630/So-bekommen-Sie-die-Auszeit-vom-Job-durch.html (2013b). Zugegriffen: 25. Febr. 2017

Dachsel, F.: Sabbatical – hört auf zu jammern! Beitrag vom 05.11.2015. http://www.zeit.de/2015/45/sabbatical-auszeit-erholung-stress-workaholic-burnout (2015). Zugegriffen: 15. Nov. 2017

Deloitte (Hrsg.): Wie weit wollen Sie kommen? Stuttgart: Broschüre im Eigenverlag 2011. www.wiwi-online.de/download/padowns/einstieg.pdf (2011). Zugegriffen: 1. Febr. 2017

Dörries, B.: Der Austauschschüler ist zurück, Beitrag vom 03.06.2013. www.sueddeutsche.de/medien/kai-diekmann-wieder-bei-bild-der-austauschschueler-ist-zurueck-1.1686635 (2013). Zugegriffen: 23. Marz. 2017

Ehgoetz, S.: Sabbatical-Check – Sind Sie reif für den Ausstieg? Beitrag o. D. www.amica.de/liebe-psychologie/psychotests/sabbatical-check/sabbatical-check-sind-sie-reif-fuer-den-ausstieg_aid_4442.html?utm_source=focus&utm_campaign=news%2b&utm_medium=referral&utm_content=FOL_Home_Teaser_HS_Amica+Sabbatical+Ausstieg+Arbeitsalltag. Zugegriffen: 11. Apr. 2017

Ehrentraut, O.: Perspektive 2040, Studie der Prognos AG im Auftrag des Gesamtverbands der Deutschen Versicherungswirtschaft. www.prognos.com (2016). Zugegriffen: 15. Nov. 2017

Erpenbeck, J., Sauter, W.: Wissen, Werte und Kompetenzen in der Mitarbeiterentwicklung. Springer Gabler, Wiesbaden (2015)

Forsa: Wissenschaftsjahr 2013 – die demografische Chance, Beitrag vom 30.04.2013. https://www.wissenschaftsjahr.de/2013/fileadmin/prelaunch.wissenschaftsjahr-2013/content_de/Herausforderungen-Chancen/FORSA-Umfrage-Arbeitswelten.pdf (2013). Zugegriffen: 14. Nov. 2017

Fröhlich, D.: Triebfeder Gehalt. Handelsblatt 06.10.2017 **193**(2017), 50–51 (2017)

Froitzheim, U.J.: Wer zahlt den Preis für Sabbaticals? Brandeins **8**(2012), 12–13 (2012)

Furkel, D., Dieterich, E.: Drei Fragen an Elke Dieterich zum Thema Social Sabbatical. Personalmagazin **9**(2014), 7 (2014)

Groll, T.: Einmal Arbeitszeit abheben, bitte! Beitrag vom 31.07.2014. www.zeit.de/2014/32/lebensarbeitszeitkonten-vorteile-nachteile (2014). Zugegriffen: 25. Jan. 2017

Guillemon, B.: CEO und Sabbatical – geht nicht. OE Organisationsentwicklung **36**(4), 30–31 (2017)

Hanfeld, M.: auf dem Jakobsweg geht's nicht zu Shiva, Beitrag vom 28.12.2015. www.faz.net (2015). Zugegriffen: 15. Nov. 2017

Hartmann-Wolf, E., Reinhard, J.: Lebt euren Traum! Beitrag vom 05.10.2014. www.focus.de/kultur/medien/titel-lebt-euren-traum_id_4179977.html (2014). Zugegriffen: 1. Febr. 2017

Haug-Peichl, J.: Zeit zum Umdenken. Main-Post, Nr. 173 vom 29.07.2017, S. 17. (2017)

Heidemann, W.: Qualifizierung in Kurzarbeit, Handreichung vom März 2011. www.boeckler.de/pdf/mbf_pers_bild_quali_kurzarbeit.pdf (2011). Zugegriffen: 22. Jan. 2017

Heiden, M.: Social Finance als Element des Nachhaltigkeitsmanagements. In: Krämer, G. (Hrsg.) Finanzwirtschaft in ethischer Verantwortung, S. 94–105. Wiesbaden, Gabler (2016)

Heller, H.: Sabbaticals – was es zu beachten gilt, Beitrag vom 28.08.2013. http://www.hrtoday.ch/de/article/sabbaticals-%E2%80%93-was-es-zu-beachten-gilt (2013). Zugegriffen: 8. Nov. 2013

Hensel, B.: Auszeit mit der Familie, Beitrag von 2013. www.merian.de/blog/artikel/auszeit-mit-der-ganzen-familie (2013). Zugegriffen: 17. Sept. 2017.

Herrmann, C.: Meerblick statt Frühschicht. Piper, München (2016)

Hess, B.: Sabbaticals – Auszeit vom Job. FAZ-Institut, Frankfurt a. M. (2002)

Hillebrecht, S.: Das Sabbatical als Instrument der betrieblichen Personalarbeit. In: Kreklau, C., Siegers, J. (Hrsg.) Handbuch der Aus- und Weiterbildung. DWD, Köln. Ergänzungslieferung Nr. 287 vom Mai 2017, Abt. 4400, S. 3–17 (2017a)

Hillebrecht, S.: Die zweite Karriere. Springer Gabler, Wiesbaden (2017b)

Hoffmann, M.: Xing-Chef Thomas Vollmoeller macht Sabbatical, Beitrag vom 17.11.2016. www.manager-magazin.de/unternehmen/karriere/xing-ceo-thomas-vollmoeller-macht-sabbatical-a-1121730.html (2016). Zugegriffen: 17. Sept. 2017

Hoos, S.: Lehrersabbaticals – Beitrag zur Lehrerbildung und Lehrergesundheit? Kassel University Press, Kassel (2009)

Hoppe, M. D., Hofstede, G.: An Interview with Geert Hofstede. Acad. Manag. Perspektives 18(2), 75–79 http://amp.aom.org/content/18/1/75 (2001). Zugegriffen: 25. Jan. 2017

Ibelgaufts, I.: Es gibt immer gute Argumente für ein Sabbatical, Beitrag vom 10.11.2001. www.handelsblatt.com/archiv/idee-und-konsequenzen-sollten-aber-reiflich-ueberlegt-werden-es-gibt-immer-gute-argumente-fuer-ein-sabbatical/2115450.html (2001). Zugegriffen: 5. Okt. 2017

Jessen, J.: Über Sabbaticals, Beitrag vom 07.02.2013. www.zeit.de/2013/07/Gesellschafts-kritik-Pep-Guardiola-Sabbatical (2013). Zugegriffen: 21. Juli. 2017

Jürgens, K. et al.: Arbeit transformieren, Bielefeld: transcript und Düsseldorf: Hans-Böckler-Stiftung. https://www.boeckler.de/pdf/arbeit-transformieren.pdf#page=27&zoom=100 (2017). Zugegriffen: 6. Nov. 2017

Kaspar, A.: So vermeiden Unternehmen Engpässe bei Sabbaticals, Beitrag vom 14.10.2011. https://www.impulse.de/management/so-vermeiden-unternehmen-engpasse-bei-sabbaticals/1024947.html (2011). Zugegriffen: 8. Nov. 2017

Kaye, L.: Corporate Sabbaticals – Creating leaders at home, opportunities abroad, Beitrag vom 07.11.2012. www.theguardian.com/sustainable-business/corporate-sabbaticals-creating-leaders-opportunities-abroad (2012). Zugegriffen: 3. Okt. 2017

Kerkeling, H.: Ich bin dann mal weg – Meine Reise auf dem Jakobsweg. Piper, München (2009)

Kessler, K.: Silicon Wahnsinn – Wie ich mit Schatzi nach Kalifornien auswanderte. List, München (2015)

Kirschstein, G.: Kerkeling hat den Markt mit Pilgerreisen angeheizt, Beitrag vom 24.04.2009. https://www.welt.de/reise/article3618354/Kerkeling-hat-den-Markt-mit-Pilgerreisen-angeheizt.html (2009). Zugegriffen: 15. Nov. 2017

Klemm, U.: Auszeit vom Job – Lebe Deinen Traum. Eigenverlag, Friedrichshafen (2015)

Kords, G. et al.: Er kümmert sich, sogar jetzt, Beitrag vom 31.05.2017. www.zeit.de/2017/23/erwin-sellering-ministerpraesident-mecklenburg-vorpommern-ruecktritt (2017). Zugegriffen: 10. Juli. 2017

Koschik, A.: Sinnvolle Auszeit mit Karrierepotenzial, Beitrag vom 22.01.2013. www.karriere.de/karriere/sinnvolle-auszeit-mit-karrierepotenzial-165454 (2013a). Zugegriffen: 1. Febr. 2017

Koschik, A.: Sinnvolle Auszeit mit Karrierepotential, Beitrag vom 22.01.2013. www.karriere.de/karriere/sinnvolle-auszeit-mit-karrierepotenzial-165454/ (2013b). Zugegriffen: 3. Sept. 2017

Kowitz, D.: Die Umsteiger. brandeins **18**(8), 55–60 (2016)

Kremer, D.: Mit 50 nochmal ganz neu anfangen, Beitrag vom 03.10.2017. www.faz.net/aktuell/beruf-chance/beruf/peter-sillem-mit-50-noch-mal-ganz-neu-anfangen-15226181.html#void (2017). Zugegriffen: 17. Okt. 2017

Küpper, W.: Eine Million Minuten. Knaus, München (2016)

Lahme, G., Green, P.: Ehrenamtliches Engagement gezielt einführen und nutzen. Personalführung **11**(2009), 28–33 (2009)

Langheiter, C.: Mut zur Auszeit. FinanzbuchRedline (Nachdruck 2012), München (2012) (Erstveröffentlichung 2006)

Löhr, J. et al.: *Auf Pilgerfahrt ins Silicon Valley*, Beitrag vom 04.03.2015. www.faz.net/aktuell/wirtschaft/macht-im-internet/auf-eine-bildungsreise-im-silicon-valley-13461850.html (2015). Zugegriffen: 1. Febr. 2017

Lüscher, S.: Garry Fagel – Sabbatical, Beitrag vom 14.10.2013. http://www.bilanz.ch/people/300-reichste/reichsten-updates/gary-fegel-sabbatical (2013). Zugegriffen: 8. Nov. 2017.

Lütke, Fr.: Mit Stundenplan und Spucktuch. Die Zeit, vom 28.09.2017. **40**:71 (2017)

Maas, M. C.: Sorry, Chef, ich muss mal weg, Beitrag vom 28.03.2013. www.spiegel.de/karriere/sabbatical-drei-aussteiger-erzaehlen-von-der-auszeit-vom-job-a-918663.html (2013). Zugegriffen: 17. Sept. 2017.

Manager für Menschen: Manager für Menschen. http://www.managerfuermenschen.com/ (2017). Zugegriffen: 7. Nov. 2017

Mansholt, B., Mansholt, D.: Wir hauen ab – eine Familie unter Segeln. Delius-Klasing, Bielefeld (2014)

Mayer, C.: Die Befreiung. Süddeutsche Zeitung Nr. 268 vom 19.11.2016, S. 56. (2016)

Mennewitsch, D.J.: Out of Office. Delius-Klasing, Bielefeld (2012)

Mohr, J.: Enge in der Brust, Beitrag vom 21.02.2012. www.spiegel.de/spiegel/spiegelwissen/d-83928614.html (2012). Zugegriffen: 1. Febr. 2017

Nebe, T.: Erst planen, dann reden, in: Süddeutsche Zeitung, Nr. 35 vom 11.02.2017, S. 66. (2017)

Oder, A.: Jede Auszeit beginnt im Kopf, Beitrag vom 05.07.2013. www.harvardbusinessmanager.de/blogs/sabbatical-wie-sie-eine-auszeit-effektiv-planen-a-908745.html. Zugegriffen: 17. Sept. 2017

Oettinger, R.: Sabbatical mit Rückkehrgarantie – geht das? Beitrag vom 13.08.2012. www.computerwoche.de/a/sabbatical-mit-rueckkehrgarantie-geht-das,2509186 (2012). Zugegriffen: 3. Sept. 2017

o. V.: Langzeit-Zeitkonten und Sabbaticals, Beitrag ohne Datum. https://www.haufe.de/personal/personal-office-premium/lang-zeitkonten-und-sabbaticals_idesk_PI10413_HI976670.html (o. D.). Zugegriffen: 21. Juli. 2017

o. V.: Ohne Sabbatical, ohne Garantie, Beitrag vom 09.04.1993. www.spiegel.de/spiegel/print/d-13679661.html (1993). Zugegriffen: 25. Jan. 2017

o. V.: Das Geld ist dann mal weg, Beitrag vom 12.09.2013. http://www.spiegel.de/reise/europa/jakobsweg-abzocke-hohe-preise-fuer-pilger-a-921838.html (2013). Zugegriffen: 15. Nov. 2017.

o. V.: Warum Sabbaticals auch für Arbeitgeber Vorteile haben, Beitrag vom 10.03.2014. https://www.haufe.de/personal/arbeitsrecht/was-bei-sabbaticals-beachtet-werden-sollte_76_224500.html (2014). Zugegriffen: 21. Juli. 2017

o. V.: Das Sabbatjahr – eine Auszeit vom Job, Beitrag vom 10.07.2015. www.aachener-zeitung.de/ratgeber/bildung-beruf/das-sabbatjahr-eine-auszeit-vom-job-1.1137486 (2015). Zugegriffen: 1. Febr. 2017

o. V.: Sabbatical und Co. – Das ist nicht gleich ein Karriereknick, Beitrag vom 15.02.2016. http://www.sueddeutsche.de/news/karriere/arbeit-sabbatical-und-co---das-ist-nicht-gleich-ein-karriereknick-dpa.urn-newsml-dpa-com-20090101-160104-99-691187 (2016a). Zugegriffen: 21. Juli. 2017

o. V.: Social Sabbaticals – vom Schreibtisch in die Slums, Beitrag vom 11.11.2016. http://derstandard.at/2000046921304/Social-Sabbatical-Vom-Schreibtisch-in-die-Slums (2016b). Zugegriffen: 8. Nov. 2017

o. V.: Social Sabbatical – Sinnvolle Auszeit, Beitrag vom 15.02.2016. www.haufe.de/arbeitsschutz/gesundheit-umwelt/social-sabbatical-sinnvolle-auszeit_94_317722.html (2016c). Zugegriffen: 25. Jan. 2017

o. V.: Sammer schließt schnelle Rückkehr aus, Beitrag vom 14.12.2016. www.spiegel.de/sport/fussball/fussball-bundesliga-matthias-sammer-schliesst-schnelle-rueckkehr-aus-a-1125877.html (2016d). Zugegriffen: 18.12.2016.

o. V.: Strand statt Schreibtisch – xing-CEO macht es vor, Beitrag vom 18.11.2016. http://derstandard.at/2000047718273/Strand-statt-Schreibtisch-Xing-CEO-macht-es-vor (2016e). Zugegriffen: 23. März. 2017

o. V.: Sabbatical und Co. – das ist nicht gleich ein Karriereknick, Beitrag vom 15.02.2016. www.sueddeutsche.de/news/karriere/arbeit-sabbatical-und-co---das-ist-nicht-gleich-ein-karriereknick-dpa.urn-newsml-dpa-com-20090101-160104-99-691187 (2016f). Zugegriffen: 10. Juli. 2017

o. V.: Das andere Sabbatical – Freiwilligendienste für Berufstätige, Beitrag vom 20.06.2017. http://www.sueddeutsche.de/news/karriere/arbeit-das-andere-sabbatical-freiwilligen-dienst-fuer-berufstaetige-dpa.urn-newsml-dpa-com-20090101-170609-99-788998 (2017a). Zugegriffen: 21. Juli. 2017

o. V.: Jeder fünfte Beschäftigte will mal raus aus dem Trott, Beitrag vom 19.01.2017. www.faz.net/aktuell/beruf-chance/arbeitswelt/sabbaticals-jeder-fuenfte-beschaeftigte-will-mal-raus-aus-dem-trott-14697759.html (2017b). Zugegriffen: 20. Jan. 2017

o. V.: Auszeit mit Sinn, Beitrag vom 23.06.2017. www.spiegel.de/karriere/weltdienst-30-neuer-freiwilligendienst-fuer-berufstaetige-a-1151754.html (2017c). Zugegriffen: 21. Juli. 2017

o. V.: Umfrage zu Sabbaticals – Die Deutschen bekommen Lust auf Pause, Beitrag vom 18.01.2017. https://spielraum.xing.com/2017/01/umfrage-zu-sabbaticals-die-deutschen-bekommen-lust-auf-pause/ (2017d). Zugegriffen: 10. Juli. 2017

o. V.: Umfrage – 84 % wünschen sich eine Auszeit vom Job, Beitrag vom 04.08.2017. http://derstandard.at/2000062250309/84-Prozent-wuenschen-sich-eine-Auszeit-vom-Job (2017e). Zugegriffen: 7. Nov. 2017

o. V.: Microsoft Österreich als Vorbild für Vereinbarkeit von Job und Familie, Beitrag vom 19.06.2017 (2017f). Zugegriffen: 8. Nov. 2017

Pape, U.: Viele Arbeitnehmer haben den Wunsch, den Berufsalltag mal hinter sich zu lassen, Beitrag vom 11.09.2010. http://www.berliner-zeitung.de/viele-arbeitnehmer-haben-den-wunsch--den-berufsalltag-mal-hinter-sich-lassen-zu-koennen--das-liefert-neue-impulse-ich-bin-dann-mal-weg-15082842 (2010). Zugegriffen: 21. Juli. 2017.

Pasemann, K.: Ideen für die große Pause, Beitrag vom 10.12.2014. www.faz.net/aktuell/rhein-main/wirtschaft/sabbatical-auszeit-agentur-liefert-ideen-fuer-die-job-pause-13312551.html (2014). Zugegriffen: 17. Sept. 2017

Pohl, E.: Sabbatical – so gewinnen alle. W. Bertelsmann, Bielefeld (2008)

Pokorny, T.: Baby an Bord. Welt am Sonntag. vom 05.11.2017. **45**:28–29 (2017)

Raymond, M.: Sabbatical – Wie Mitarbeiter und Firmen von der Auszeit profitieren. München vbi Genios 2012/2015. (2015)

Reeh, A.: Chef – wir müssen reden. Engelsdorfer, Leipzig (2013)

Renaud, D. et al.: Studie Vereinbarkeit von Beruf und Pflege, als Projektbericht ohne Datum veröffentlicht. http://www.uni-saarland.de/fileadmin/user_upload/Sonstiges/audit/Pflege/Endbericht.pdf (o. J.). Zugegriffen: 7. Nov. 2017

Rettig, D.: Berufliche Auszeit – wie man ein Sabbatical macht, Beitrag vom 19.06.2013. www.wiwo.de/erfolg/beruf/berufliche-auszeit-wie-man-ein-sabbatical-macht/8374414.html (2013). Zugegriffen: 5. Okt. 2017

Reuyß, S.: Freistellung zur Pflege und Betreuung, 3. Aufl., Düsseldorf: Hans-Böckler-Stiftung. https://www.boeckler.de/pdf/mbf_bvd_pflegefreistellung_3.pdf (2015). Zugegriffen: 7. Nov. 2017

Richter, A.: Aussteigen auf Zeit – das Sabbatical-Handbuch. Egmont vgs, Köln (2002)

Richter, M.: Ab in die Freiheit – So zahlt Ihr Arbeitgeber Ihr Sabbatical, Beitrag vom 19.07.2017. http://www.focus.de/finanzen/praxistipps/sabbatical-so-zahlt-ihr-arbeitgeber_id_7369564.html (2017). Zugegriffen: 21. Juli. 2017

Rieder, P.: Sabbaticals – Pro und Contra der beruflichen Auszeit, Beitrag vom 05.05.2011. http://www.arbeitswelten.at/neue-arbeitswelten/sabbaticals/ (2011a). Zugegriffen: 5. Mai. 2011

Rieder, P.: Sabbaticals – Pro und Contra der beruflichen Auszeit, Beitrag vom 05.05.2011. http://www.arbeitswelten.at/neue-arbeitswelten/sabbaticals/ (2011b). Zugegriffen: 10. Juli. 2017

Rieder, P.: Sabbatical Österreich – was Sie vorher wissen sollten, Beitrag vom 06.02.2014. https://www.hrweb.at/2014/02/sabbatical-oesterreich-was-sie-besser-vorher-wissen-sollten/ (2014). Zugegriffen: 6. Nov. 2017

Rieder, P.: Sabbatical – großer Wunsch, aber selten Realität, Beitrag vom 18.10.2017. https://www.hrweb.at/2017/10/sabbatical-wunsch-realitaet/ (2017). Zugegriffen: 6. Nov. 2017

Roever, S.: Auszeit unter Segeln. Delius-Klasing, Bielelfeld (2009)

Rothgang, H. et al.: Themenreport 2030, Gütersloh: Bertelsmann-Stiftung, Projektbericht. www.bertelsmann-stiftung.de/fileadmin/files/BSt/Publikationen/GrauePublikationen/GP_Themenreport_Pflege_2030.pdf (2012). Zugegriffen: 7. Nov. 2017

Rothland, M.: Das Sabbatjahr für Lehrerinnen und Lehrer – Wer profitiert und warum? Zeitschrift für Pädagogik **59**(4), 551–574 (2013)

SAP AG (Hrsg.) (o. D.): Our Impact: How SAP Social Sabbatical helps the world run better and improves lives, Beitrag o. D. www.sap.com/dmc/exp/2017_03_46558/enUS/index.html. Zugegriffen: 22. Sept. 2017

Schaaf, K.: Sabbaticals – Auszeit vom Job. Hamburg, Diplomica (2013)

Schmale, O.: Aussteiger auf Zeit, Beitrag vom 22.02.2016. www.faz.net/aktuell/beruf-chance/arbeitswelt/sabbaticals-aussteiger-auf-zeit-14078428.html (2016). Zugegriffen: 1. Febr. 2017

Schumacher, D.: Nur eine Pause, keine Lösung. , Nr. 286 vom 10.12.2016, S. 66. (2016)

Sonnet, C.: Sabbatical – Wenn die Auszeit die Karriere beflügelt, Beitrag vom 10.06.2012. www.handelsblatt.com/unternehmen/beruf-und-buero/buero-special/sabbatical-wenn-die-karriere-befluegelt/6678082.html (2012). Zugegriffen: 21. Juli. 2017

Stolz, B.: Entscheidend ist der Kaffee, Beitrag vom 08.11.2015. www.zeit.de/thema/sabbatical (2015). Zugegriffen: 17. Sept. 2017

Von Elm, K.: Gratis zum Doktortitel, Beitrag vom 11.04.2014. www.welt.de/print/welt_kompakt/print_wirtschaft/article126815909/Gratis-zum-Doktortitel.html (2014). Zugegriffen: 25. Jan. 1017

Von Zepelin, J.: Was bin ich meiner Firma wert? Beitrag vom 16.10.2017. https://www.capital.de/karriere/management-benefit-ranking-was-bin-ich-meiner-firma-wert (2017). Zugegriffen: 8. Okt. 2017

Wallrodt, L.: Klopps schatten schwebt ab jetzt über Guardiola, Beitrag vom 01.06.2015. https://www.welt.de/sport/fussball/bundesliga/fc-bayern-muenchen/article141760154/Klopps-Schatten-schwebt-ab-jetzt-ueber-Guardiola.html (2015). Zugegriffen: 15. Nov. 2017

Weidner, I.: Wie Firmen von maßgeschneiderten Personalkonzepten profitieren, Beitrag vom 27.10.2014. www.computerwoche.de/a/wie-firmen-von-massgeschneiderten-personalkonzepten-profitieren,3069999 (2014). Zugegriffen: 1. Juli. 2017

Weigelt U.: Wie nimmt man am besten eine bezahlte Auszeit? Beitrag vom 05.06.2013. www.zeit.de/karriere/beruf/2013-06/arbeitsrecht-sabbatical-lohnfortzahlung (2013). Zugegriffen: 25. Jan. 2017

Weigelt, U.: Wann kann ich ein Sabbatical machen, Beitrag vom 20.05.2015. www.zeit.de/karriere/beruf/2015-05/auszeit-job-sabbatical-tipps-arbeitsrecht (2015). Zugegriffen: 10. Juli. 2017

Werle, K., Kleinfeld, Kl.: „Ein Pro im Lebenslauf", Beitrag vom 22.07.2005. www.manager-magazin.de/magazin/artikel/a-366073.html (2005). Zugegriffen: 1. Febr. 2017

Werler, M.: Sabbaticals – Rechtliche Rahmenbedingungen der Realisierung längerer Freistellungszeiten mit Arbeitszeitkonten. Herbert Utz, München (2013)

Wimdu: Größte deutsche Sabbatical-Studie – fast jeder 2. Deutsche will eine Auszeit vom Beruf nehmen, Beitrag vom 22.02.2016. www.wimdu.de/blog/groesste-deutsche-sabbatical-studie/ (2016). Zugegriffen: 10. Juli. 2017

Winde, M.: So mach Karriere richtig Spaß, Beitrag vom 03.01.2016. www.manager-magazin.de/unternehmen/artikel/sabbatical-so-macht-karriere-richtig-spass-a-1070249.html (2016). Zugegriffen: 1. Febr. 2017

Wurdinger, M. et al.: Wie kann das Arbeitszeitmodell Sabbatical in deutschen Unternehmen implementiert werden, unveröffentlichter Arbeitsbericht vom 15.01.2017 an der Hochschule für Angewandte Wissenschaften Würzburg-Schweinfurt, Schwerpunkt Personal, im Wintersemester 2016/2017

Zeuner, J.: Auszeit – Raus aus dem Hamsterrad. tredition, Hamburg (2014)